KB274497

지식사회

제대로 다시 읽는 피터 드러커 ❷

피터 드러커의 사회관

지식사회

KNOWLEDGE SOCIETY

| 이재규 지음 |

한국경제신문

단지 관습이라는 이유로 행동하는 사람은 선택을 하지 않는다.

-존 스튜어트 밀(John Stuart Mill, 1806~1873)

나는 우리가 무엇을 하든 앞으로 우리들에게 다가올 운명이라는 것을 믿지 않는다. 그러나 우리가 아무 것도 하지 않는다면, 나는 우리들 앞에 모습을 드러낼 운명을 믿지 않을 수 없다.

-로널드 레이건(Ronald Reagan, 1911~2004)

오늘날 지식근로자는 "어떻게 하면 우리는 전체주의가 발흥하지 않도록 방지할 수 있을까?"라고 질문하고, 대답해야 하고, 또한 행동해야 한다.

-피터 드러커(peter F. Drucker, 1909~2005)

인간의 가치는 그가 가진 재산의 크기로 결정되는 것은 아니라 해도, 굶주린 배는 악마의 놀이터가 된다.

-이재규

어떤 사회가
기능적인 사회인가?

피터 드러커(Peter F. Drucker, 1909~2005)는 제1차 세계대전의 진앙지인 오스트리아 빈에서 태어났다. 그리고 20세기를 온전히 살고 21세기 초인 2005년, 96세 생일을 일주일 앞두고 타계했다. 일생 동안 다양한 삶을 살았던 그는 역사, 경제, 경영, 기업 컨설팅을 비롯해 사회과학, 일본 미술, 소설 등 다양한 분야에 관심을 보였고, 말년에는 비영리단체 컨설팅과 사회생태학에 초점을 맞췄다. 그러나 드러커의 궁극적인 관심은 '어떤 사회가 기능적인 사회인가?'라는 질문이었다.

드러커는 스스로 자신을 '방관자(bystander)' 또는 '관찰자(observer)'라고 규정했고, 마셜 맥루언(Herbert Marshall Mcluhan, 1911~1980)은 드러커를 "듣기 위해 세상에 태어난 사람(The man who came to listen)"이라고 했다. 이 책은 20세기와 21세기 초에 걸쳐 피터 드러커가 사회를 어떻게 관찰하고 분석했으며, 또 그 이후의 사회를 어떻게 전망했는지 그의 선견력과 통찰력을 서술하려는 것이다.

마르크스는 인간사회가 원시 공산사회 → 봉건사회 → 자본주의 사회를 거쳐 궁극적으로 사회주의 사회로 귀결된다고 진단했다. 그러나 필자가 볼 때 드러커는, 산업혁명 후 20세기 초까지 경제인 사회(자본주의 사회와 사회주의 사회) → 경제인 사회의 실패로 인한 1930년대 초 비경제인 사회(전체주의 사회와 군국주의 사회)의 등장 → 제2차 세계대전에서 비경제인 사회의 패배 → 자유산업사회 → 경제인 사회의 밑바탕 요소의 단절 → 기업가적 사회 → 경제인 이후의 사회(연금기금 사회, 조직 사회, 지식 사회)로 이어진다고 해석했다.

필자는 2008년 말 드러커의 경영 백과사전이라고 할 수 있는 《매니지먼트: 경영의 과업, 책임, 실제(Management: Tasks, Responsibilities, Practices)》 한글번역본의 감수와 해설을 맡은 바 있는데, 이로써 드러커의 저술 39권 중 17권을 번역하고 1권을 해설했으며 관련 책 3권을 번역했다. 그 동안 《피터 드러커의 인생경영》을 비롯한 몇 권의 책을 썼으며, 2007년에는 일본 드러커 학회에서 〈Drucker's Insight – Born or Made〉를 발표했다.

이 책은 필자가 드러커의 모든 저서들을 연구한 뒤 '사회'에 관한 그의 시선을 종합적으로 분석한 '피터 드러커의 사회관'이다. 이 책은 전통적이고 교과서적인 사회이론과는 다른, 20세기에 실현되고 현존했던 사회의 모습과 21세기 선진국 사회의 전망을 담고 있다.

이 책을 펴내는 데 신세 진 많은 사람들에게 감사의 말을 남긴다.

2009년 10월
이재규

머리말 어떤 사회가 기능적인 사회인가? ·6
프롤로그 기능적인 사회를 찾아서 ·16

PART I 기능적 사회

CHAPTER 01 **사회란 무엇인가?**
개인에게 사회적 지위와 역할을 부여하는 사회 ·22
자유와 평등이라는 인류의 목적 ·24
역사에 따른 인간 모델의 변화 ·25
인간의 목적과 사회의 관계 ·28

CHAPTER 02 **권력의 합법성**
합법적 권력이란 무엇인가 ·30
합법성의 의미 ·31
비합법적 권력 ·32
합법적 권력과 비합법적 권력의 충돌 ·33
결정적 권력과 결정적으로 중요한 조직 ·34
상대주의와 절대주의 ·35
무정부적 대중은 독재자를 추종한다 ·37

PART II 경제인 사회
−자본주의 사회와 사회주의 사회

CHAPTER 03 **자본주의 사회** – 자유평등사회 달성의 실패

고대와 근대의 자본주의 ·40

위험부담 활동과 이윤획득 활동 ·42

산업혁명 ·43

프롤레타리아를 낳은 경제적 자유 ·45

경제적 목적달성에 성공하다 ·47

사회적 목적달성에 실패하다 ·48

CHAPTER 04 **사회주의 사회** – 계급 없는 사회 달성의 실패

마르크시스트 사회주의 ·50

경제인 모델의 종말 ·51

마르크시스트 사회주의가 본 자유와 인간자본 ·53

제1차 세계대전의 사회적 의미 ·55

다양한 사회주의 ·57

새로운 계급의 등장과 전체주의의 징조 ·58

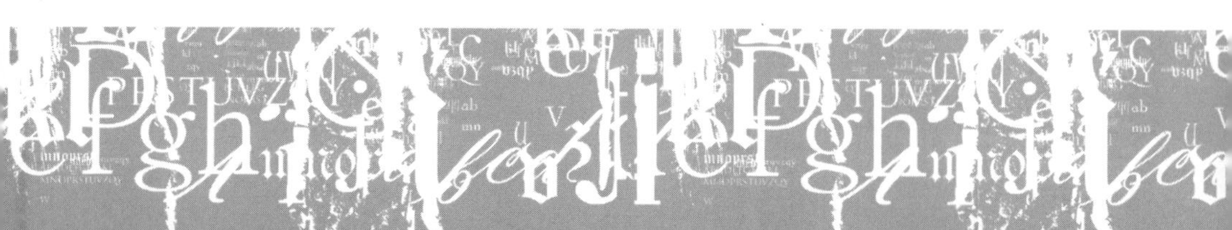

PART Ⅲ 비경제인 사회
−전체주의 사회와 군국주의 사회

CHAPTER 05 전체주의 사회 – 자유와 평등을 포기한 비경제인 사회

전체주의의 의미와 등장 원인 ·64

제1차 세계대전과 대공황이라는 악마 ·66

자유와 평등을 포기하게 만든 불황과 실업 ·66

민주주의와 자유사회의 포기 ·68

합법성을 가장한 전체주의의 출현 ·70

대중이 마법사를 추종하는 이유 ·73

CHAPTER 06 전체주의적 군국주의 사회 – 개인이 곧 군인이 되는 사회

전체주의가 추구한 기적, 비경제인 사회 ·75

자본주의도 사회주의도 아닌 전체주의 ·76

사회 유기체설과 영웅적 인간 모델의 등장 ·78

완장을 찬 영웅 ·79

전체주의적 군국주의 사회 ·82

소유도 경영도 없는 생산체제 ·85

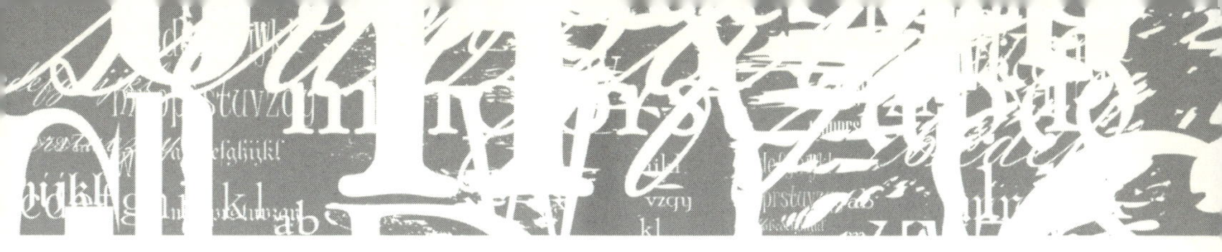

PART IV 자유 산업사회

CHAPTER 07 **대량생산 산업사회**

자본주의의 복원력과 대량생산 원리 ·90

개인을 대체한 조직 ·91

대기업의 의미 ·92

CHAPTER 08 **자유 산업사회**

자유 산업사회 ·96

복지국가와 지역사회 ·100

자유 산업사회에 대한 미국의 역할 ·101

국유화의 환상과 계획경제의 문제 ·103

노동조합주의는 해답이 아니다 ·104

PART V 연속과 단절

CHAPTER 09 **연속**

경제에서 사회로 중심이동하다 · 108

경제의 연속성 시대 · 110

단절과 변혁 · 115

정부가 할 수 있는 일은 무엇인가? · 116

1968년의 마르쿠제와 드러커 · 119

CHAPTER 10 **단절**

네 가지 단절 · 123

다양한 거대조직들의 사회 · 126

드러커와 갤브레이스 · 132

인구 문제 · 135

연금기금의 역할 · 138

국가간 생산분업 · 139

단절의 시대에서 기회의 시대로 · 141

PART VI 기업가적 사회

CHAPTER 11 **기업가적 경제**

관리적 경제와 기업가적 경제 · 144

콘드라티예프의 장기파동 · 145

일자리 창출의 새로운 형태 · 147

하이테크의 실제 · 149

기업가 정신이 장기파동을 막다 · 151

첨단기술 기업과 에디슨의 실패가 주는 교훈 · 157

CHAPTER 12 **기업가적 사회**

사회적 기술로서의 경영 · 161

각각의 세대를 위한 새로운 혁명 · 165

혁명 대신 기업가 정신 · 166

첨단기술은 기업가 정신의 일부분 · 168

사회적 혁신 · 170

조세정책과 벤처정책의 과제 · 172

기업의 사회적 책임, 사회는 권력 집중을 싫어한다 · 175

공공의 이익이 개인의 이익을 결정한다 · 178

기업가적 사회와 복지국가 · 180

PART VII 경제인 이후의 사회
—연금기금사회, 조직사회, 지식사회

CHAPTER 13 **연금기금 사회**

연금기금 혁명과 연금기금 자본주의 · 184

개인 자본가 없는 자본주의, 프롤레타리아 없는 사회주의 · 186

피고용자 사회 또는 자영업자 사회 · 188

자본가와 프롤레타리아에서 지식근로자와 서비스근로자로 · 190

새로운 자본, 연금기금 · 193

연금기금의 관리 · 194

생명보험, 사망보험, 노후보험 · 195

기업감사 · 196

CHAPTER 14 **조직사회**

조직의 의미와 기능 · 198

조직은 새로운 패러다임이다 · 201

조직은 목적을 다양화해서는 안 된다 · 203

현대 조직의 특성과 자율성 · 206

조직은 계속 변화하고 그것을 관리해야 한다 · 208

지식 조직의 모델로서의 교향악단 · 212

영구조직으로서의 지식 조직 · 213

사라진 공장 공동체 · 216

시민 자원봉사자 · 219

CHAPTER 15 지식사회

히틀러, 루스벨트, 테일러 · 222

지식사회의 인프라와 지식혁명 · 224

지식사회의 경영자 · 225

지식사회에서 지식의 의미 · 226

지식사회의 특성 · 228

시대의 종말을 알리는 시그널 · 229

한국은 이미 지식 사회이자 이동사회이다 · 231

자유와 평등의 모델, 지식근로자와 지식사회 · 233

에필로그 어떻게 전체주의의 발흥을 막을 것인가? · 236

참고한 피터 드러커의 저작들 · 238

인명색인 · 242

기능적인 사회를 찾아서

▌피터 드러커, 현상을 관찰하고 질문하다

피터 드러커는 1985년 10월 《잉크(Inc.)》와의 인터뷰에서 "당신의 인생에 계획이 있었는가? 다시 말해 피터 드러커를 만들기 위한 사전 계획이 있었는가?"라는 질문에 대해 이렇게 말했다.

"돌아보면 나의 일생은 의미가 있었다. 내가 어디에 속해야 할지에 대해 어렴풋이나마 예감한 것은 아마도 30세쯤이었다. 그 이전 10여 년 동안은 어떤 일을 계획적으로 한 것이 아니라 닥치는 대로 우연한 기회에 대응하는 식이었다. 나는 아주 어렸을 때부터 오스트리아에 계속 머물러 살지 않겠다는 생각을 했고, 대학에 가서 4년이라는 세월을 낭비하고 싶지도 않았다. 그래서 나는 내가 갈 수 있는 가장 먼 곳에 있는 직장을 얻어달라고 부친에게 부탁했고, 지금 내가 하게 된 일과는 가장 관계없는 직업인 수출회사의 견습생이 되었다. 그 후 나는 프랑크푸르트의 소규모 은행에서 일했다. 그것은 내가 영어와 독일어를 구사할 수 있었던 덕분이었다. 그때가 바로 1929년 10월이었다. 주식시장은 폭락했고, 나는 그 은행에 입사한 최후의 직원이자 최초로 쫓겨난 사람이 되었다. 나는 새로운 일자리가 필요했고 곧 어느 지방 신문사에 취직했다. 그것은 좋은 교육기회였다. 그 점을 강조하지 않을 수 없다.

돌아보면 내가 한 가지 잘한 것은 '현상을 관찰하고 그것들이 무엇을 의미하는지 질문' 하는 일이었다. 그 당시 비록 나는 오스트리아 여권을 갖고 있었지만 독일의 보수정치 활동에 상당히 적극적으로 동조하고 있었다. 1933년 나는 히틀러가 끝내 유태인을 말살할 것이고 스탈린과 조약을 체결하리라는 점 등을 바탕으로 《프리드리히 율리우스 스탈: 보수주의적 국가이론과 역사발전(Fredrich Julius Stahl, Konservative Staatslehre und Geschichtliche Entwicklung)》(1933)이라는 작은 책자를 냈고, 곧이어 《경제인의 종말(The End of Economic Man)》(1939)을 쓰기 시작했다. 그러나 이 원고는 1939년까지 출판될 수 없었는데, 그 이유는 나의 결론이랄까 통찰을 용인할 출판사가 없었기 때문이다.

나는 1934년 독일을 떠나 영국으로 갔다. 런던의 한 보험회사에서 증권분석가로서 일했고 그 뒤 투자은행가로 일했다. 내가 부자가 되려고 마음먹었다면 그곳에 계속 있었겠지만, 그런 일은 참을 수 없을 정도로 지루했다. 4년 후 나는 미국으로 왔다."

▌새로운 사회의 예견

유럽 사회의 붕괴와 해체, 그 결과로 초래된 히틀러의 등장, 전체주의의 대두, 그리고 결과적으로 제2차 세계대전이 발발할 것이라고 분석한 《경제인의 종말》은 1939년 제2차 세계대전이 일어나기 전에 썼고 또 출판되었다. 《경제인의 종말》의 후속편인 《산업인의 미래(The Future of Industrial Man)》(1943)는 제2차 세계대전 초기에 쓴 것으로서, 안정적이고도 기능을 수행하는 사회를 만드는 데 필요한 근본적 개념들 그리고 기본적 기관들을 개발하기 위한 것이었다. 당시 이 두 책은 '정치적으로 부적절' 하기 그지없는 것으로 평가되었다. 그 무렵 미국에서는 마르크시즘을 정치적 사회적 이론의 토대로 받아들였고, 또한 당시 지식인 사회에서는 공산주의를 미래 사회의 모델로 보고 있었기 때문이다. 그런데 드러커는 마르크시즘의 실패가 유럽의 붕괴를 초래했을 뿐만 아니라 궁극적으로 유럽을 전체주의의 심연으로 내몬 주요 원인임을 《경제인의 종말》에서 주장했던 것이다. 더불어 《산업인의 미래》에서는 마르크시즘이 이미 실패한 이념이라고 했다. 이 두 책은 이미 1950년대 이후의 선진국 사회를 내다보고 있었다. 여기서 '선진국 사회' 란 곧 사회적 안정, 지속성, 예측가능성, 심리적 정상성(normality)을 부여할 수 있는 기능적 사회를 뜻한다.

드러커의 '경영' 에 대한 관심은 사회와 공동체에 대한 관심, 더 나아가 공동체에 대한 연구로부터 파생된 것이었다. 1950년 당시 드러커는 선진국 사회가 급속히 변화하고 있음을 인식했다. 드러커는 현대적 대기업 조직의 의미를 알아차렸고, 이후 경영에 대해 관심을 갖게 되면서 생산양식이 대량생산 체제로 굳어진 산업사회의 문제를 분석했고, 이런 문제를 다루는 《뉴 소사이어티: 산업질서의 해부(The new society: Revolution by mass production)》(1950)를 출판했다.

▌지식사회가 기능적인 사회가 될 것인가?

이후 드러커는 1957년 《내일의 이정표(The Landmarks of Tomor-row)》에서 '지식근로자(knowledge work)'와 '지식사회(knowledge society)'라는 용어를 처음으로 사용했고, 1964년 《창조하는 경영자(Managing for Results)》에서는 '지식인(knowledge-people)'이라는 용어를 사용했다가 나중에는 '지식근로자(knowledge worker)'로 용어를 통일했다. 1969년 《단절의 시대(The Age of Discontinuity: Guide-lines to Our Changing Society)》에서는 이에 대해 좀 더 깊은 논의를 보였다. 1985년 《혁신과 기업가 정신(Innovation and Entreprene-urship)》에서는 새로운 기술의 개발, 특히 정보기술의 발전과 그 결과로 인한 기업가적 사회가 도래했음을 밝혔고, 1993년 《자본주의 이후의 사회(Post-Capitalist Society)》에서는 '거대 국가(mega state)'의 실패, 노령인구의 급속한 증가와 출산율의 극적인 쇠퇴를 수반하는 거대한 인구통계학적 이동, 가장 중요한 자원이 되어버린 지식, 더불어 정보와 돈 등 많은 것들이 세계화되고 있다는 점 등을 밝혔다. 그리고 2003년 드러커는 자신의 사회사상을 담은 《경영의 지배(A Functioning Society)》(원제는 '기능적인 사회')를 펴냈다.

피터 드러커는 21세기 새로운 사회가 20세기 후반과 다를 것이라는 명백한 시각을 갖고 있었는데, 그것은 마치 산업혁명을 전후로 사회가 변화했던 양상과 마찬가지다. 21세기 사회의 역사적 뿌리가 무엇인지, 새로운 현실은 무엇인지, 새로운 도전과 기회는 무엇인지, 그리고 21세기 전반(前半) 사회를 형성할 세력은 무엇인가에 대해서도 분명히 밝혔다.

PART I

기능적 사회

직업인으로 사회에 진출한 이래 드러커의 관심은 처음부터 끝까지, 사회적 동물인
인간이 살기 좋은 사회란 어떤 사회인가 하는 것이었다. 그런 사회를 만들기 위해
드러커는 경제학에서 출발하여, 생산 주체인 기업을 연구하는 경영학으로 관심을
바꾸었고, 궁극적으로는 사회생태학을 천착(穿鑿)하였다.
드러커가 생각하는 기능적인 사회는 사회 권력이 합법적이고, 구성원 개개인에게
사회적 지위와 역할을 부여하는 사회이다.

사회란 무엇인가?

▌개인에게 사회적 지위와 역할을 부여하는 사회

인간이 생물적 존재로서 호흡을 하기 위해서는 신선한 공기가 필요한 것과 마찬가지로 사회적 존재이자 정치적 존재로서 인간은 기능적인 사회(functioning society), 즉 제대로 기능을 수행하는 사회를 필요로 한다. 그러나 항상 신선한 공기가 자동으로 공급될 수 없는 것처럼, 모든 사회가 기능적인 사회는 아니다.

깡패들 또는 나치즘, 파시즘, 스탈린주의와 같은 전체주의 공포에 사로잡혀 어찌할 바를 모르는 한 무리의 인간 집단을 우리는 '사회'라고 부르지 않는다. 그곳에 사회는 없다. 공포는 사회의 붕괴로 인해 생겨난 것이다. 공포를 극복하는 유일한 방법은 사회적 가치, 사회적 규율, 사회적 권력, 사회 조직을 갖춘 기능적 사회를 복구하는 것뿐이다.

'인생이란 무엇인가?'를 정의하는 것은 거의 불가능한 일이다. 인생이라고 할 수 있는 것과 인생이라고 할 수 없는 것을 구분지을 분명한 기준도 없다. 그러나 우리는 심장 박동 또는 호흡을 하는 경우 육체가 살아 있음을 안다. 그러한 작동이 없다면 육체가 아니라 시체다. 마찬가지로, 사회라고 인정할 수 있는 사회와 그럴 수 없는 사회를 명확하게 구분지을 기준은 없다. 하지만 사회에 대한 규범적인 정의를 내리는 것이 불가능하다고 해서 사회 기능이 제대로 수행되는지의 여부를 판단할 수 없는 것은 아니다.

그렇다면 과연 사회란 무엇인가? 개개인에게 사회적 지위와 역할이 주어지지 않는다면 사회가 형성되지 않은 것이며, 단지 아무런 목적이나 지향도 없이 공간을 날아다니는 사회적 원자들(social atoms)의 집합에 지나지 않는다. 그리고 권력이 합법적이지 않으면 사회적 관계망(social fabric)도 성립될 수 없다. 오직 독재자와 노예만 존재할 뿐이다. 따라서 구성원 개개인에게 사회적 지위와 역할을 부여할 수 있고 권력이 합법적인 것이라면 어떤 사회도 사회로서 기능을 수행할 수 있다.

개인의 사회적 지위와 기능 또는 역할은 집단과 개별 구성원 사이의 관계를 표시하는 것이다. 그것은 개인이 집단에 속해 있으며 집단이 개인을 포함하고 있다는 사실을 상징적으로 나타내는 것이다. 따라서 어떤 개인이 적당한 사회적 지위와 역할을 갖고 있지 않다면 그 개인에게 사회는 존재하지 않는 것이나 마찬가지다. 예컨대 사회와 격리되어 있거나 법의 보호를 받지 못하는 사람 또는 반체제 인사 등은 사회 속에 존재한다고 볼 수 없으며, 당사자 또한 사회를 부정한다. 사회는 오직 그 목적과 지향과 아이디어와 이상(理想)이 개인의 차원에서도 의미 있을 때 의의를 갖는다. 그러므로 개인생활과 집단생활 사이에는 기능적으로 명백한 관계가 있어야만 한다. 구성원 개개인의 목적, 지향, 행위, 동기가 사회의 그것들과 조화를 이루지 않으면 사회는 그 구성원을 이해할 수도 수용할 수도 없다.

▍자유와 평등이라는 인류의 목적

인간의 본성 또는 인간의 목적이나 목적달성에 대해 사회가 어떻게 인식하는가 하는 기본적 신념에 따라 사회와 개인 사이의 기능적 관계양식과 형태가 결정된다.

인간의 본성에 대해서는 각자 자유롭거나 자유롭지 않거나, 평등하거나 불평등하거나, 선하거나 악하거나, 완전하거나 완전하게 할 수 있거나 아니면 불완전하거나 하는 것 등으로 인식할 수 있다. 저마다 다른 견해를 갖고 있겠지만 정답은 없다. 그러나 한 가지 분명한 점은, 헬레니즘과 헤브라이즘 이래 '자유' 와 '평등' 은 유럽을 지탱하는 두 가지 기본 개념이었다. 2000년 동안 유럽의 모든 질서(order)와 신조(creed)는 고대 그리스 로마와 기독교적 질서로부터 발전되어 왔으며, 자유와 평등을 그 목적으로 삼았다. 모든 권력자가 등장할 때 합법적 권력을 획득하려는 근거로 내세운 것이 궁극적인 자유와 평등을 달성하겠다는 약속이었다. 유럽의 역사는 이런 개념들을 사회적 실존으로서 실현시키려는 노력의 역사다.

획득할 수 없는 자유와 달성할 수 없는 평등을 끊임없이 추구하는 노력이 서양 역사의 원동력이었다. 이것은 인간 사회가 낮은 차원으로 쇠퇴했는가 아니면 좀 더 높은 차원으로 진보했는가 하는 문제와는 관계가 없으며, '자유'와 '평등'은 그 자체의 역동성과 메시아적 성격으로써 다른 문명들이 정체되어 있는 동안 유럽 문명을 지속적으로 발전케 했다.

▌ 역사에 따른 인간 모델의 변화

인간 사회는 변한다. 사회가 변한다는 것은 사회 구성원의 지각(知覺)이 변한다는 것을 의미한다. 그리스 도시국가와 기독교의 등장 이래 서유럽 사람들이 인간과 사회를 보는 관점은 자유롭고 평등한 인간이 자유평등사회(free and equal society)에 사는 것이었다.

거듭 말하거니와 2000여 년 동안 서유럽 사람들은 자유와 평등을 삶의 목적으로 정했고, 어떤 집단이든 (황제, 군주, 교황, 독재자, 대통령, 정당 등) 권력을 잡는 정당성의 근거로 자유와 평등을 실현한다는 기치를 내걸었다. 그러나 역사 발전이라는 관점에서 자유와 평등을 실현하는, 다시 말해 목적달성을 하는 대상 영역과 자유와 평등을 실천하는 인간의 모델은 시대마다 달랐다.

역사적으로 인간의 생활이 빈곤했던 사회에는 현세에서 부(富)의 평등과 자유가 실질적으로 불가능했으므로 국가 지도자건 종교 지도자건 내세에서의 평등을 믿도록 이끌었고, 또 민중도 그에 따랐다. 물질적으로 빈곤했고 억압적이었던 중세시대까지 그 약속은 허구가 아니라 현실이었다. 그들은 '영적 인간(spiritual man)'을 인간의 모델로 보았고, 자유와 평등이 .'영적 영역(spiritual sphere)' 이라 할 수 있는 내세(afterlife)에서 실현되기를 추구했다. 그리고 조금이라도 축적된 재물이 있으면 그것을 하늘나라에 쌓아두어야 했다. 유럽에서 흔히 볼 수 있는 그토록 많은 중세 교회들이 바로 그 결과다.

르네상스가 한창이던 16세기경 영적 인간의 질서가 더 이상 효능을 발휘하지 못하고 붕괴되자, 사람들은 마틴 루터(Martin Luther, 1483~1546)의 깨우침에 따라 성경 말씀을 사제가 아니라 자신이 직접 해석할 수 있어 자기 운명 또한 스스로 결정할 수 있다는 생각을 하게 되었다. 이에 따라 인간의 모델은 영적 인간에서 '지적 인간(intellectual man)' 으로 변했고, 자유와 평등은 '지적 영역(intellectual sphere)' 에서 그 실천 장소를 찾게 되었다.

18세기경, 지적 영역에서도 (정치적 억압과 경제적 빈곤 등으로) 자유와 평등의 실현이 불가능해지게 되자 이제 '사회 영역(social sphere)' 에서 실현 장소를 찾고자 했다. 이 사회 영역에서 처음 대두된 인간의 모델은 '정치적 인간(political man)' 이었다. 정치적 인간은 정치세계에 적극 참여하여 자유롭게 자신의 권리를 주장하고 책임을 다하는 활동으로써 권력에 접근하고, 또 권력의 민주화로써 평등을 달성하고자 하는 모델이다. 그들의 활동은 미국 독립과 프랑스 혁명으로 나타났다.

그 다음에는 '경제인(economic man)' 모델이 등장했다. 경제인 모델은 개인의 이익을 최대로 추구하는 애덤 스미스(Adam Smith, 1723~1790)의 모델과 프롤레타리아 계급의 이익을 최대로 추구하는 칼 마르크스(Karl Marx, 1818~1883)의 모델로 구분할 수 있다. 인간을 '경제적 동물' 로 인식한 것은 부르주아 자본주의와 마르크시스트 사회주의가 공통적이다. 왜냐하면 양쪽 다 인간의 경제활동을 인간 존재의 목적을 달성하는 수단으로 보았기 때문이다. 특히 마르크스의 유물론은 물질적인 것을 일차적으로 고려했다. 그렇게 되자 자유와 평등은 사회적으로도 경제적으로도 의미를 갖게 되었는데, 그런 사회가 바로 '경제인 사회(economic society)'다.

'경제인' 개념이 처음 학문적으로 사용된 것은 애덤 스미스와 그의 추종자들이 사용한 호모 이코노미쿠스(homo economicus)라는 용어 때문이었다. 1776년 스미스는 《국부론(The Wealth of Nations)》에서, 인간은 천국에서 하느님과 함께 살게 되었을 때 행복해지는 것이 아니라 지상에서 생필품과 편의품의 생산증대와 소비증대를 추구함으로써 행복해질 수 있다고 역설했다. 또 그는 '국부의 증대'는 분업생산 방식, 자아존중(이기심), 재산소유, 자유경쟁, 시장경제로 달성된다고 주장했다. 개인이 각자의 이해에 따라 판단하여 규제를 받지 않는 자유시장에서 경쟁을 하면 '보이지 않는 손(invisible hand)'이 작용하여 시장 참가자들의 이익과 국부의 증진을 이루고, 궁극적으로 사회 전체의 공익도 최대화된다고 주장했다.

애덤 스미스가 말하는 '경제인'은 매우 현명하고 합리적이지만 도덕적 판단을 하지 않으며, 언제나 자신에게 최대의 경제적 이익을 안겨주는 행동을 하기를 원할 뿐 아니라 그 방법도 알고 있다. 즉 자신의 경제적 이익, 즉 부(富)의 증가를 가장 높은 가치로 삼고 행동한다. '경제인'은 경제적 만족만이 사회적으로 중요하고 의미 있는 것으로 간주한다. 따라서 경제적 지위, 경제적 특권을 획득하기 위해 노력한다. 산업혁명과 자본주의의 성공은 곧 경제인 모델의 성공을 대변한다.

그러나 제1차 대전(1914~1918)과 대공황(1929~1939)을 경험하면서 서유럽 사람들은 그때까지의 인간 모델과 사회 모델인 '경제인'과 '경제인 사회'가 자유와 평등을 달성하지 못할 뿐만 아니라 전쟁과 실업을 해결하지 못한다는 사실을 깨닫고 절망에 빠진다. 그 틈을 이용하여 무솔리니와 히틀러는 최상의 것이자 자율적으로 수용될 수 있는 인간 모델로서 '영웅적 인간' 모델을 제시했다.

▌인간의 목적과 사회의 관계

어떤 이들은 인간의 목적달성(fulfillment of man)은 궁극적으로 현세에서 이루어진다고 믿고, 어떤 이들은 기독교가 말하듯 내세(천국)에서 이루어진다고 믿는다. 또 인간이란 유물론자의 주장처럼 소멸될 육체뿐이라고 주장할 수도 있고, 종교적으로 영혼 불멸이라고 믿을 수도 있다. 마찬가지로 인간의 목적은 평화 중에 달성된다고 믿을 수도 있고, 십자군이나 이슬람의 지하드처럼 전쟁 중에 달성된다고 믿을 수도 있고, 경제적 성공 또는 가족의 화합으로써 달성된다고 믿을 수도 있다.

인간의 목적과 목적달성에 관한 이러한 여러 신념들 가운데 사회가 어느 하나를 통념적으로 받아들이게 되면 그로써 나름의 독특한 사회가 형성될 것이며, 사회와 개인 사이의 기능적 관계가 결정될 것이다. 그런 신념들 중 어느 것이 옳고 그르며, 어느 것이 진실이고 허위인지, 기독교적이라거나 반기독교적이라거나 하는 것 등은 여기서 논의할 문제가 아니다. 요점은 이런 신념들 중 그 어느 것이라도 기능적으로 작동하는 사회, 그리고 기능적으로 작동할 수 있는 사회의 토대 노릇을 할 수 있다는 사실이다. 바꾸어 말하면, 그런 기본적 신념체계와 상관없이 어떤 사회가 개인에게 사회적 지위와 역할을 부여하기만 한다면 그 사회는 제대로 기능을 수행할 수 있다는 사실이다.

18세기 중반 산업혁명 이후 150여 년간 경제 영역에서는 아무런 제약을 받지 않고 물질적 진보가 거듭된 반면, 사회적 정치적 영역에서는 그와 같은 진보가 발견되지 않았다는 점, 그리고 선진국이 수많은 기술의 진보를 이룩했음에도 제대로 기능하는 사회를 창조하지 못했다는 것이 드러커가 본 사회적 미해결 문제였고 연구 초점이었다.

chapter 02

권력의 합법성

▌합법적 권력이란 무엇인가

개인의 사회적 지위 및 역할은, 인간의 목적과 그 목적달성 장소에 관한 사회의 기본적 신념을 바탕으로 정해진다. 그리고 개인의 사회적 지위와 역할은 사회생활의 기본적 틀, 즉 사회의 목적과 그 존재 의의를 규정한다. 인간의 목적과 목적달성에 관한 사회의 기본 신념에 따라 부여된 권력이 합법적 권력(leqitimate power)이다. 그리고 합법적 권력은 개인의 사회적 지위와 역할, 인간의 목적과 목적달성 등과의 관계를 규정한다. 이 권력은 사회가 공유하는 기본적 사회사조(社會思潮, basic ethos of the society)에 의해 그 정당성을 인정받는 지배권이라고 정의할 수 있다.

그러나 어떤 사회라 해도 이런 기본적 원칙과 무관한 많은 권력들이 존재하며, 또한 인간의 목적달성을 위해 고안되지 않았거나 기여하지도 않는 조직들이 존재하기 마련이다. 다른 말로 하면, 자유사회에는 '자유롭지 못한' 조직들이 언제나 존재하고 있으며 평등한 사회에도 많은 불평등이 존재하고 성인(聖人)들도 있지만 죄인들이 훨씬 더 많은 법이다.

우리가 '지배권'이라고 말하는 결정적 사회권력이 자유와 평등과 정직성에 기초하고 또 이런 이상적인 목적의 달성을 위해 고안된 조직들로써 추진되고 있다면 그 사회는 '자유롭고 평등하며 정직한 사회'로써 기능을 수행할 수 있다.

▌합법성의 의미

확실히 해두어야 할 것은 '합법성(legitimacy)'이란 전적으로 기능적인 개념이라는 점이다. 절대적인 의미의 합법성이라는 것은 존재하지 않는다. 권력이란 사회적 신념과의 관계에서 타당하다고 인정될 때에만 합법적인 것이다.

이때 '합법성'은 주어진 특정 사회의 관점에서 그 사회의 고유한 정치적 신념을 바탕으로 구성된다. 즉 권력은 사회가 수용하는 윤리적 또는 형이상학적 원칙에 의해 정당화될 때 인정되는 것이다. 그 원칙이 윤리적으로 좋은가 나쁜가, 형이상학적으로 진실인가 허위인가 하는 것은 합법성과는 무관하다. 합법성이란 다른 여느 공식 기준과 마찬가지로 윤리적으로 형이상학적으로 가치중립이다. 또한 합법적 권력은 사회적으로 기능을 수행하는 권력이다. 그러나 왜 그것이

기능을 수행하는가, 그리고 그것이 어떤 목적에 이바지하는가 하는 것은 여기서 논의할 사항이 아닐뿐더러 합법성 이전의 문제다. 예컨대 타인의 시각으로는 얼굴을 차도르로 덮은 이슬람 여인이나 폭탄을 몸에 감고 자살 테러를 하는 사람들에 대해 이해할 수 없다. 하지만 그런 이슬람의 규범은 기능을 수행하고 있는 것이 사실이다.

▌비합법적 권력

'비합법적 권력(illegitimate power)' 이란 사회의 기본적 신념에 기초하지 않은 권력을 말한다. 따라서 비합법적 권력을 휘두르는 지배자가 그것을 권력의 목적에 부합하게 행사하는지 여부는 판단할 수 없다. 왜냐하면 비합법적이라는 것은 권력을 행사할 대상으로서 사회적 목적이 없기 때문이다.

비합법적 권력은 본질적으로 통제할 수 없다. 비합법적 권력에 책임을 지울 수가 없기 때문이다. 그것은 책임의 기준도 없을 뿐더러 사회적으로 수용된 궁극적 권위가 없어 정당화될 수도 없다. 정당화할 수 없는 것에 대해서는 책임을 지울 수 없는 것이다.

같은 이유로, 비합법적 권력에는 한계가 없다. 권력행사에 대해 한계를 설정하기 위해서는 법과 권력을 남용했을 때 합법적인 범위를 벗어났음을 규정해줄 기준선을 정해야 하는데 애초부터 기준선 자체가 없기 때문이다. 따라서 비합법적 지배자가 좋은 지배자 또는 현명한 지배자가 될 가능성은 거의 없으며, 비합법적 권력은 부패하기 마련이다. 단지 '힘' 만 갖고 있을 뿐 권위가 없기 때문이다. 아무리 선하고 현명하고 분별력이 있는 사람이라 해도, 통제되지 않고 책임지지 않고 한계가 없고 합리적으로 결정할 수 없는 권력을 휘두른다면 '독재자'일 뿐이다. 이것은 정치학에서는 타키투스(Tacitus, Publius Cornelius, 55~120)가 로마 황제의 역사를 연구하여 인류에게 처음 알려준 이후로 지금까지 자명한 이치다.

▌ 합법적 권력과 비합법적 권력의 충돌

이러한 '자유롭지 못한' 조직들, 불평등한 조직들, 비합법적 행동은 대개 사회의 기본원칙들과 모순 구조를 이룬다. 그리고 가장 심각한 정치적 문제들은 그런 모순으로부터 발생한다. 별로 중요하지 않은 조직과 중요하지 않은 권력관계가 사회의 기본적 신념과 첨예하게 대립하는 경우, 사회는 그에 대해 사회생활을 위협하는 요소로 간주할 가능성이 높다.

이 경우의 좋은 사례가 미국의 남북전쟁이다. 물론 미국사회는 남북전쟁 이전에도 자유사회로서 기능을 수행했고 합법적 권력을 유지했다는 사실에 대해서는 의심할 여지가 없다. 하지만 미국이 진정 자유사회라고 말할 수 있는 것은 비합법적 권력인 노예제도가 사회에 대한 위협으로 느끼도록 제대로 기능을 수행했으며, 또 전쟁을 무릅쓰고 비합법적인 권력에 의해 자행되는 노예제도를 종식시켰기 때문이다.

사실 노예제는 거의 모든 시대에 걸쳐 다양한 형태로 존재해왔다. 19세기에 서구 국가들이 대대적인 노예 해방을 여러 차례 선언하기는 했지만 노예들은 주인이 해방을 승인해야만 노예 상태에서 벗어날 수 있었다. 토머스 제퍼슨(Thomas Jefferson, 1743~1826)은 흑인들의 삶의 모습에 갈등하며 "공정한 신(神)의 존재를 상기할 적마다 미국의 장래를 생각하면 전율을 느낀다."고 했다. 3대 대통령이었던 그는 흑인 여자노예와 관계를 가져 자식까지 둔 입장으로, 자식을 인간이라는 측면에서 인정해야 할지 노예라는 측면에서 무시해야 할지 평생 고민했다. 그러나 제퍼슨은 남북전쟁이 발발하기 훨씬 전에 사망했기 때문에 법률적인 고민은 하지 않았을 것이다.

▌결정적 권력과 결정적으로 중요한 조직

어떤 사회에 무엇이 '결정적 권력'이고 무엇이 '결정적 제도적 조직(decisive institutional organization)'인가 하는 것은 통계적 중요성에만 의존하여 규정할 수는 없다. '결정적(decisive)'이라는 것은 정치적 용어이면서도 완전히 정성적(定性的) 용어다. 결정적 권력이 어디에 있는지를 헌법과 법률이 알려주는 경우는 드물다. 달리 말해, 지배적 권력은 정치적 의미의 정부 권력과는 일치하지 않는다. 지배적 권력은 사회적 권력을 의미하며, 정치적 권력은 대개 법률적 차원이다.

예컨대 영국의 토지귀족(landed gentry)은 인구비율로 치면 극소수였을 뿐 그 이상 많았던 적이 없었고, 상인계층과 제조업자들이 본격적으로 사회의 주류로 등장한 이후에는 국가의 부와 소득 면에서 소수층에 속했다. 그런데도 그들은 오랫동안 영국에서 사회적으로 결정적 권력을 보유했고, 토지귀족과 관련된 조직들은 영국사회의 결정적 조직이었다. 그들이 품고 있는 신념은 사회생활의 기초였으며, 그들이 정한 기준은 영국의 대표적 기준이 되었다. 그들의 생활방식은 사회적 규범이 되었으며 그들의 이상적인 인간상, 즉 신사(紳士)는 영국 사회의 모범으로 남아 있다. 그들이 누린 권력은 결정적이었을 뿐만 아니라 (법률적으로 규정은 없지만) 합법적이었다. 제인 오스틴(Jane Austen, 1775~1817), 찰스 디킨스(Charles Dickens, 1812~1870), 토머스 하디(Thomas Hardy, 1840~1928)의 소설은 이에 대해 잘 설명해 주고 있다.

1870~1914년, 프러시아 군대의 존재는 독일제국 헌법에 거의 언급된 적이 없었다. 그런데도 프러시아 군대는 분명 결정적 권력을 소유했고, 그것을 다분히 합법적으로 행사했다. 프러시아 정부는 민간인으로 구성된 반군사적 의회가 지배하고 있었는데도 불구하고 실질적으로는 군대에 종속되어 있었던 것이다.

드러커의 이런 분석은 우리나라의 양반계급에 그대로 적용할 수 있다. 조선시대에 높은 벼슬을 했던 양반계급의 후손들이나 지방의 토호(土豪)들이 가진 비공식적 권력은 지금도 일부 중소도시와 향촌에서는 사회적으로 결정적 권력이다.

▌상대주의와 절대주의

앞서 말한 것처럼 사회가 개개인 구성원에게 사회적 지위와 역할을 제공하지 않으면, 그리고 사회가 갖고 있는 결정적 권력이 합법적 권력이 아니면 그 사회는 제대로 기능을 다할 수 없다. 그것을 '순수사회 이론(pure theory of society)'이라고 명명해도 좋을 것이다. 다른 모든 '순수 이론'과 마찬가지로 그것은 엄격하게 형식적이다. 따라서 특정 사회를 구성하는 요소들에 대해 아무런 언급을 하지 않는다. 말하자면 자유, 종교, 평등, 정의, 개인의 권리, 진보, 평화, 그리고 사회생활의 여러 가치에 대해 어느 것이 옳다거나 그르다는 식의 판단을 하지 않는다. 예컨대 인도의 카스트 제도나 이슬람 국가의 혼인제도는 이를 채택하지 않은 국가에 비해 매우 큰 차이를 지니지만 개인 구성원들에게 사회적 지위와 역할을 제공한다.

사회적 효율론자들(social efficiency engineers)이 주장하듯 사회생활에 중요한 것은 오직 기능을 수행하는 것뿐이라는 견해는 진정한 효율성의 중요함과 한계를 제대로 이해하지 못한 것이다. 따라서 기능을 수행하기만 하면 어떤 사회라도 문제없다고 생각하는 상대주의자(relativist)로부터 거리를 두지 않을 수 없다.

기능적 효율성이라는 것은 '무엇을 위한 효율성인가, 그리고 그 대가는 무엇인가?' 하는 질문에 대한 답을 가지고 있지 않고서는 아무 의미가 없다. 애당초 하지 말아야 할 일을 효율적으로 추진하는 것만큼 비효율적인 것은 없으니까 말이다.

반면 '기능과 효율성'에 대한 논의는 아예 제쳐놓고 '기본적 신념과 이념'만을 고집하는 또 다른 극단주의도 존재한다. 이런 부류의 집단을 절대주의자(absolutist)라고 부를 수 있는데, 그들은 개인의 목표가 기능적 사회에서만 달성될 수 있다는 전제를 인정하지 않을 뿐만 아니라 기능적 사회의 대안적 사회는 무정부적 대중(anarchic masses)으로 전락하게 된다는 점을 인정하지 않는다.

무정부적 대중의 가장 큰 오류는 조직되지 않은 군중, 사회를 형성하지 않는 집단, 통합되지 않은 군중을 영광스럽게 생각하는 '대중에 대한 신화(myth of the masses)'일 것이다. 사실 이러한 의미의 대중은 사회 해체의 산물이자 고약한 부패물이고 독재자의 먹잇감일 뿐이다.

어떤 형태든 적극적으로 사회활동에 참여한다는 것은 사회적 가치와 사회조직을 전제로 하므로, 이것이 결여된 무정부적 대중은 사회 참여 능력이 전혀 없는 것과 같다. 이에 따라 대중은 참여 불능의 상태, 즉 무관심과 냉소 또는 철저한 절망감에 맞닥뜨릴 위험에 처하게 된다.

▮ 무정부적 대중은 독재자를 추종한다

무정부적 대중은 사회적 지위와 역할을 거부하기 때문에 그들에게 조직사회란 오직 악마적이고 비합리적이고 이해할 수 없는 위협일 뿐이다. 또한 이들은 합법적 권력의 기초가 되는 기본적 신념이 없기 때문에 어떤 합법적 권위도 독재적인 것 또는 자의적인 것으로밖에 보이지 않는다. 그러므로 무정부적 대중은 어떤 독재자가 등장해 혁명을 일으킬 것을 약속한다면 언제라도 독재자의 비합리적 호소에 따르거나 복종할 태도를 갖게 된다. 그러한 대중의 대표적인 예는 히틀러(Adolf Hitler, 1889~1945) 시대의 독일, 무솔리니(Benito Mussolini, 1883~1945) 치하의 이탈리아, 페론(Juan Peron, 1895~1974) 시대의 아르헨티나의 대중이다.

무정부적 대중은 사회로부터 소외된 자이기 때문에 이미 잃어버릴 것이 없다. 사회의 규범과 질서에 속박되지도 않았으므로 버려야 할 쇠사슬마저 없다. 그들은 본질적으로 조직되지 않은 상태의 대중이므로, 자신들을 어떤 형태로 이용하고자 하는 독재자의 시도에 대해 반항할 독자적인 조직도 없다는 것이다.

이처럼 무정부적 대중은 사회에 대한 믿음이 없기 때문에 역설적으로 사회적 질서가 아니라면 그것이 무엇이든 받아들일 수 있다. 달리 말하면, 무정부적 대중은 언제나 권력을 위한 권력을 추구하는 선동의 대상이었고 독재자의 먹잇감이었다. 대중은 억압에 의해, 노예제도에 의해, 그리고 자신의 부정(否定)에 의해서만 조직될 수 있다. 따라서 이러한 대중의 등장을 예방할 수 없다면 어떤 사회라도 사회로서 실패하기 마련이다.

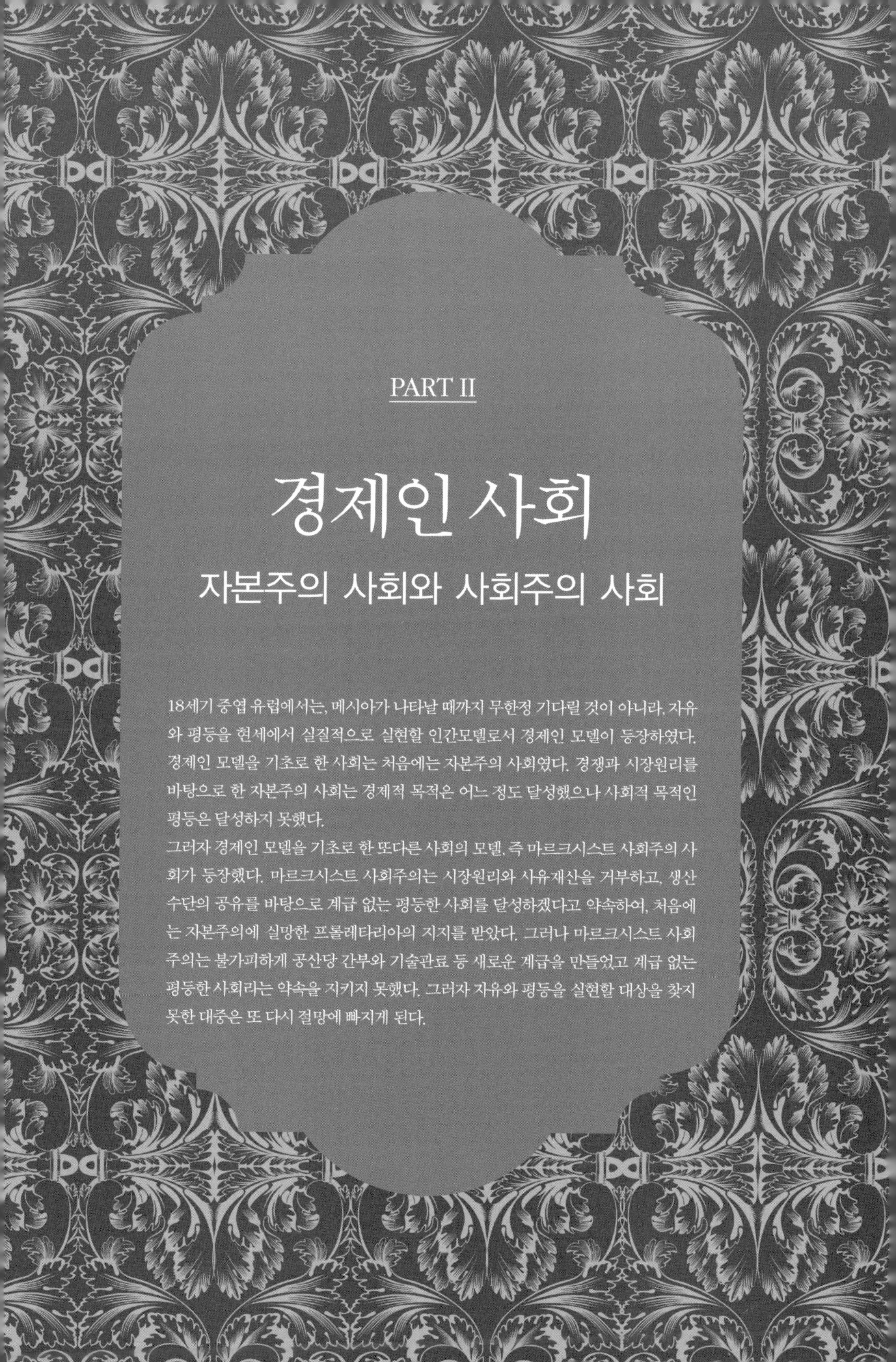

경제인 사회

자본주의 사회와 사회주의 사회

18세기 중엽 유럽에서는, 메시아가 나타날 때까지 무한정 기다릴 것이 아니라, 자유와 평등을 현세에서 실질적으로 실현할 인간모델로서 경제인 모델이 등장하였다. 경제인 모델을 기초로 한 사회는 처음에는 자본주의 사회였다. 경쟁과 시장원리를 바탕으로 한 자본주의 사회는 경제적 목적은 어느 정도 달성했으나 사회적 목적인 평등은 달성하지 못했다.

그러자 경제인 모델을 기초로 한 또다른 사회의 모델, 즉 마르크시스트 사회주의 사회가 등장했다. 마르크시스트 사회주의는 시장원리와 사유재산을 거부하고, 생산수단의 공유를 바탕으로 계급 없는 평등한 사회를 달성하겠다고 약속하여, 처음에는 자본주의에 실망한 프롤레타리아의 지지를 받았다. 그러나 마르크시스트 사회주의는 불가피하게 공산당 간부와 기술관료 등 새로운 계급을 만들었고 계급 없는 평등한 사회라는 약속을 지키지 못했다. 그러자 자유와 평등을 실현할 대상을 찾지 못한 대중은 또 다시 절망에 빠지게 된다.

chapter 03

자본주의 사회
—자유평등사회 달성의 실패

▌고대와 근대의 자본주의

대부분의 생산수단이 사적으로 소유되고, 자유경쟁을 바탕으로 한 '시장'의 작동에 의해 생산과 판매가 이루어지고, '시장'을 통해 소득이 분배되는 제도를 '자본주의(capitalism)'라고 한다. 그런 제도를 자본주의라고 하는 이유는, 특정의 재화를 얻기 위해 화폐를 이용할 뿐만 아니라 더 많은 화폐를 소유할 목적으로 화폐로써 이윤추구 활동을 하기 때문이다.

자본주의는 자급자족이 아닌 이윤 획득을 위해 시장을 대상으로 하는 경제활동이다. 따라서 자본주의의 활동은 상품경제가 어느 정도 확대되어 있는 상태를 전제로 한다. 시장을 기초로 하는 교역 자체는

서구의 경우 그리스 로마 시대부터 상당히 발달해 있었고 상업활동
에 따르는 상품의 생산과 판매 그리고 이를 촉진하기 위한 은행업과
해운업 등이 번창했다.

이처럼 어느 정도 상품경제가 도입된 지역에서의 시장 형성은 동양
이든 서양이든 일반적인 현상이었기 때문에 자본주의적 제도는 고대
시대에도 존재했으며, 후기 중세시대에는 자본주의가 번성할 수 있
는 토대가 형성되기도 했다. 하지만 농업이 경제활동의 중심이었던
근대 이전에는 국가가 상업을 비롯한 상품경제와 자본주의 활동에
제한을 가했고, 또 상품경제 자체가 사회의 경제활동에서 차지하는
비중도 그리 높지 않았다. 과거에는 동서양을 막론하고 경제발전을
그다지 중요하게 여기지 않았기 때문이다.

예를 들면, 당나라에서부터 명나라 초까지 세계의 바다를 지배한
세력은 중국이었다. 명나라의 정화(鄭和, 1371~1435)는 콜럼버스
(Christopher Columbus, 1451~1506) 이전에 아프리카에 다다랐고, 마
젤란(Ferdinand Magellan, 1480~1521) 이전에 세계를 일주했다는 주장
이 있다. 그러나 1433년을 기점으로 명나라는 국정의 초점을 내부로
돌렸고, 정화의 지휘 아래 있던 317척의 해양 함대를 불살랐다. 해양
진출을 포기한 것은 북쪽 몽골족과의 갈등 그리고 상공업을 달갑게
여기지 않았던 유교문화 때문이었다.

중국이 바다를 포기할 무렵부터 서구는 과학혁명과 기술을 바탕으
로 산업혁명과 제국주의로 나아갔으며 포르투갈, 스페인, 네덜란드,
영국 등이 바다로 진출한다. 이런 면에서 볼 때 15세기 중국의 정책
방향은 19세기 이후 뒤늦은 근대화의 원인(遠因)이라 할 수 있다..

서구에서 봉건제도가 붕괴되고 자본주의가 본격적으로 확립되기 시작하여 체제로서 지속 발전하게 된 것은 16세기부터다. 유럽이 근대사회로 접어들면서 자본주의 활동의 범위가 넓어지고 자급자족 활동보다는 시장 생산활동이 경제의 주요 부분이 된 것이다. 이는 자본주의 활동이 경제 전체에 커다란 영향을 끼침으로써 그 사회가 자본주의 사회로 규정된다는 사실을 의미한다.

자본주의가 발전하게 된 또 다른 요인은 신대륙으로부터 유럽으로 귀금속이 유입되면서 물가가 상승한 것이다. 이 시기에 임금은 물가만큼 빠르게 상승하지 않았으므로 인플레이션의 주된 수혜자는 자본가들이었다. 이 자본가들은 중상주의 시기에 강력하게 부흥한 민족국가들의 혜택을 누리기도 했다. 말하자면 민족국가들이 추구한 국력증진 정책으로 경제발전에 필수적인 단일 통화제도가 생겨나거나 법전(法典)이 정비되는 등의 기본적인 사회조건이 충족되었으며, 그로 인해 경제적 주도권이 국가로부터 개인 자본가에게로 이전된 것이다.

18세기 초 영국에서는 자본주의 발전의 중심이 상업에서 제조업으로 이동하는데, 이 흐름을 주도한 것은 영국의 직물산업이다. 그 전에 꾸준히 축적된 상업자본은 산업혁명 시기에 기술적 지식, 즉 기계와 공장을 산업현장에 적용시키는 데 투자되었다.

▌위험부담 활동과 이윤획득 활동

주식투자를 하든 스스로 기업을 운영하든 간에 자본을 가진 사람들이 사업에 투자하는 이유는 당연히 이윤을 얻기 위해서다. 자신이 개간한 토지가 무용지물이 되거나 멀리 나간 배들이 돌아오지 않는 일이 빈번하다 해도 투자자는 손실을 감수하고 기꺼이 투자를 한다. 이 때 자본가가 투자하는 것은 '이익동기(profit motive)' 때문이지만, 실제로는 사회를 위한 무의식적인 '위험감수(risk taking)' 기능을 수행하게 된다.

이윤 획득은 여러 경로로 이루어진다. 단순한 매매활동으로 어떤 물건을 싸게 사들였다가 다른 장소나 계절에 비싸게 판다든지, 물건을 직접 제작하여 이익을 붙여 판다든지, 사람에게 돈을 빌려주고 이자를 받는다든지, 어떤 형태건 간에 그들은 화폐를 시장에 투입하여 시장 내의 거래 결과로 이윤을 획득하는 것이다. 화폐를 투입하여 이윤과 함께 회수하는 활동이 되풀이될 때 그 화폐는 이윤을 생산하는 자본으로 이용되는 것이다.

현대의 자본주의 경제체제가 이전의 경제체제와 구별되는 특성은 소비를 초과하는 잉여를 고대 이집트의 피라미드나 중세 유럽의 대성당과 같이 비생산적인 상징적 건축물이나 귀금속이나 보물에 투입하기보다는 생산능력을 확대하는 데에 재투자됐다는 점이다. 이런 특징은 몇 가지 역사적 사건에 의해 촉진되었다. 종교혁명을 통해 형성된 새로운 윤리의식으로 근면과 검소와 저축이 종교적인 덕목으로 부각되었고, 이로써 부(富)의 증가와 경제적 불평등은 그 덕목의 결과라는 이유로 정당화되고 재산 소유를 경시했던 전통적인 풍조는 점차 사라졌다.

▌산업혁명

1776년은 인류사와 더불어 경영사에도 매우 의미 있는 해라고 할 수 있다. 우선 영국에서 출간된 애덤 스미스의 《국부론》을 꼽을 수 있다. 이 책에서 스미스는 국가의 부(富)를 증가시키는 생산방식으로써 분업이론을 적용할 것을 주장했다.

애덤 스미스는 《국부론》에서 "인간의 행복은 유한한 자원과 인간의 무한한 욕망을 어떻게 조화시키는가에 달려 있다."고 주장하면서 결국 소비재 생산수준의 증가가 곧 국가의 부를 증가시키고 또 개인 행복의 기초가 된다고 설파했다. 애덤 스미스는 《국부론》에서 경제적 결정을 자기조절 능력이 있는 시장의 자유로운 작동에 맡길 것을 주장했다. 이른바 경제활동의 자유방임(laissez-faire) 정책을 주장한 것이다.

애덤 스미스는 산업의 자유와 통상의 자유가 보장될 때 노동자의 고용이 극대화되고 연간 생산물이 증가되기 때문에 국부 또한 증대된다고 보았다. 이러한 자유가 인정되지 않으면 상품의 교환은 불평등하게 되고, 물건을 사는 사람과 파는 사람의 이해는 상충되며, 정의(正義)와 도리에 어긋나게 되는 것이다. 애덤 스미스는 자유방임에 의한 생산의 증가가 곧 사회정의라고 보았기 때문에 모든 규제를 철폐하고 자연적 자유제도가 수립되도록 해야 한다고 주장했다. 그렇게 하기 위해서 정부의 기능을 국방, 경찰, 공공사업과 기초교육에 국한시키는 '작은 정부(cheap government)'를 주장했다.

같은 해, 제임스 와트(James Watt, 1736~1819)와 매슈 볼턴(Matthew Boulton, 1728~1809)이 개량형 증기기관을 완성하여 실제 공장에 설치됐다. 사람이나 동물의 힘 대신 동력으로 증기기관이 처음 이용된 것이다. 공장에 설치한 증기기관은 산업혁명의 견인차로서 인간 삶의 수준을 한 단계 높여놓았다.

또한 미국의 독립선언서를 기초한 토머스 제퍼슨(Thomas Jefferson, 1743~1826)은 독립정신의 이상으로서 '삶, 자유, 그리고 행복'을 내걸었는데, 행복이란 물질적 풍요없이는 불가능한 것이다. 이 정신은 프랑스혁명의 구호인 자유, 평등, 박애로 이어졌다. 표현은 단순화되었지만 시민혁명(미국의 독립전쟁과 프랑스 대혁명)은 물자를 직접 생산하는 사람들이 국민의 혈세를 낭비하는 왕과 귀족과 성직자들의 전통적인 권위에 반발하여 무력 봉기를 일으킨 것이었다.

결국 《국부론》, 증기기관의 발명, 미국 독립전쟁은 각각 다른 원인으로 발생했지만 서로 연관성을 가지고서 시너지 효과를 일으킨 것이다.

역사는 끊임없이 흐르지만 그 힘은 늘 같은 수준으로 이어지는 것이 아니라 어느 순간에 용솟음친다. 산업혁명이 대표적이다. 1750~1800년 사이의 50여 년간을 대혁명의 시대라고 부를 수 있다. 실제로 이 기간 동안은 정치, 경제, 사회, 문학, 예술 등 모든 측면에서 과거와 단절하는 시기였기 때문이다. 역사가 '연속(Continuity)'과 '변화(Change)'의 순환이라면 이 기간은 변화의 시기였다.

▌프롤레타리아를 낳은 경제적 자유

산업혁명 이후 제1차 대전 직전까지 자본주의가 발전한 결과, 물질적 경제적 풍요를 누리게 되자 사람들은 이런 모든 성과를 달성하는 데 기여한 경제적 자유 그 자체를 당연한 사실로 받아들였다. 그러나 자본주의 이전의 구(舊)질서 시대부터 최하층 계급에 속했던 노동자와 배고픈 농노들은 경제적 자유를 유익한 것으로 간주하지 않았다. 그들에게 경제적 자유는 오로지 위협일 뿐이었다. 경제적 자유는 그들로 하여금 국가와 사회로부터 제공받았던 '안전'을 포기할 것을 강요당했다. 그 안전이라는 것의 실체가 기껏해야 굶주림을 면하는 정도의 하찮은 수준일지라도 그들에겐 유일한 보장수단이었다. 하지만 자본주의의 경제적 자유는 그들에게 아무런 혜택도 보장하지 않으면서 불안전만 부여할 뿐이었다. 이를테면 '경쟁'으로 대변되는 경제적 자유는 그들이 가진 얼마 안 되는 상속토지, 시장을 보호해 주던 관세장벽, 길드가 유지하던 최저 가격을 포기하도록 종용한 것이다. 경쟁은 노동자와 농민들로 하여금 자신의 기술과 능력에 의존하여 살아가도록 했다.

그런데도 불구하고 노동자와 농민들이 자본주의의 경제적 자유, 즉 경쟁을 받아들인 것은 자본주의가 궁극적으로 '사회적 경제적 평등'을 이룩할 것이라고 약속했기 때문이다. 그 약속이 환상에 지나지 않았다는 것은 지금 모든 사람들이 알고 있는 사실이다. 경제적 발전은 평등을 보장하지 못할 뿐 아니라 심지어 '동등한 기회'라는 형식적 평등도 보장하지 못한다. 반면 부르주아라는 새로운 계급, 즉 폐쇄적이고도 특권을 누리는 계급을 창출했다.

프롤레타리아 계급이 부르주아 계급으로 진입하기란, 적어도 유럽에서는 프롤레타리아가 기업가(entrepreneur) 계급으로 성장하는 것만큼이나 어렵다. 현대 공업사회의 계급들이 법에 의해 세습되는 것은 아니지만 실제로는 거의 세습에 의해서 형성되었다. 17~18세기 사회에서 최하층의 어떤 사람이 무질서한 대중으로부터 빠져나와 자기만의 노력으로써 최고위층으로 입신한다는 것은 20세기 초 유럽사회에서 자신의 태생적 계급에서 출발하여 상위 계급으로 진입하는 것보다는 훨씬 쉬웠다.

좋은 사례가 있다. 시민의 이익 증진을 위해 열심히 일했던 오스트리아의 칼 루에거(Karl Lueger, 1844~1910)는 빈의 사장으로서 1903년 2월 합스부르크 왕가의 어느 대공비를 위한 추도미사에 참석하고자 합스부르크 궁 안의 성당을 방문했다. 그가 앞자리에 앉았을 때 황실의 시종으로부터 당신은 초대받은 귀족이 아니라는 사실을 통보받는 치욕을 당했다. 그는 그저 대공비가 사망했다는 공식 통지서만 받았을 뿐이었는데, 그것을 5대째 귀족만이 참석하는 황가의 장례식에 참석해 달라는 초대장으로 오해했던 것이다. 루에거 시장은 시종들의 정중하면서도 단호한 호위를 받으며 황실 성당에서 쫓겨났고, 격노했지만 어쩔 수 없었다. 그것이 당시 빈의 두 얼굴, 즉 귀족과 평민의 차별이 여전할 때의 모습이었다.

자본주의가 경제적 자유를 통해 평등을 실현하겠다는 약속을 지키지 못함에 따라, 물질적 번영에도 불구하고 사회 시스템으로서의 자본주의에 대한 신뢰는 산산이 깨어졌다. 노동자와 농민 프롤레타리아는 물론이고, 자본주의를 통해 경제 사회적으로 가장 큰 혜택을 누렸던 바로 중산층 부르주아조차 자본주의에게서 등을 돌렸다.

▌경제적 목적달성에 성공하다

1930~40년대 자본주의가 곧 붕괴할 것이라는 인식은 곧 상식이었고, 슘페터(Joseph Schumpeter, 1883~1950)도 케인스(John Maynard Keynes,

1883~1946)도 그렇게 생각했다. 유럽에 관한 한 그것은 확실했다. 그러나 '자본주의는 붕괴하고 만다' 는 명제를 지지하는 주장들 중 자본주의가 경제 시스템으로서 실패했다는 주장은 자본주의 시스템의 본질에 대해 전혀 모르는 것일 뿐만 아니라 사실상 틀린 주장이다.

1942년 슘페터는 "자본주의는 그 자체의 성공 때문에 붕괴될 것이다."라고 충격적인 주장을 했다. 자본주의는 자신이 그 탄생을 도왔고 또한 실현 가능하도록 만든 민주주의 때문에 붕괴된다는 것이었다. 왜냐하면 민주주의에서는 정부가 인기를 얻기 위해 생산자의 소득을 비생산자에게로 점차 이전할 것이고, 내일을 위한 자본으로 축적해 두어야 할 소득을 소비지출로 차츰 이전할 것이고, 그 결과 민주주의 체제의 정부는 점증하는 인플레 압력을 받게 될 것이기 때문이다. 결국 인플레는 민주주의와 자본주의를 다 파괴할 것이라고 예언했다.

경제 시스템으로서 자본주의는 끊임없는 가격 인하와 노동시간의 지속적 단축을 실현하면서도 재화의 생산량을 계속 증가시킴으로써 스스로 붕괴되지 않았으며 황당한 꿈 이상의 성공을 거둔 셈이다.

▌사회적 목적달성에 실패하다

사회적 질서와 신조로서의 자본주의는 현세에서 인간의 목적을 이룩할 수 있다는 것이다. 좀 더 구체적으로 말하면 개인은 경제적 진보를 통해 궁극적으로 '자유롭고도 평등한 사회'를 제공받는다는 뜻이다. 그러나 마르크시즘은 그러한 사회는 사적 이익의 철폐로써 이룩될 것이라 기대했다.

　　원래 자본주의는 '이익 동기'를 발명하지 않았다. 사실 이익은 항상 개인에게 동기를 부여하는 중요한 요소들 가운데 하나였으며, 앞으로도 그럴 것이다. 한 개인이 살아가는 사회의 사회적 질서가 무엇이든 간에 말이다. 그러나 자본주의의 신조는 이상적인 자유평등 사회를 자동적으로 실현시킬 수 있는 수단으로써 이익 동기를 적극적으로 평가한 최초의 그리고 유일한 사회적 신조였다. 그 이전의 모든 신조들은 사적 이익 동기를 사회에 대해 파괴적이거나 중립적인 것으로 간주했었다.

　　그러므로 자본주의는 경제 영역에 대해 독립성과 자율성을 부여하지 않을 수 없는데, 이는 경제활동은 비경제적 요인에 의해 좌우되어서는 안 되는 것은 물론이고, 자본주의는 무엇보다도 경제활동의 우선순위를 높게 유지해야 한다. 경제적 진보는 천년왕국을 지상에 세운다는 약속을 실천하는 것이므로, 사회의 모든 에너지는 경제적 목적의 증진에 집중되어야 한다. 이것이 바로 자본주의다. 따라서 '천년왕국을 지상에 세운다'는 사회적 목적이 없으면 자본주의는 아무런 의미도 없으며 합리화될 수도 없을 뿐 아니라 존립할 가능성도 없다. 경제 시스템으로서 성공한 자본주의가 실패한 것이 있다면 이런 사회적 목적달성(자유롭고도 평등한 사회의 달성) 측면에서 실패한 것이다.

chapter 04

사회주의 사회
−계급 없는 사회 달성의 실패

▌마르크시스트 사회주의

인류가 만들어낸 모든 제도가 그렇듯이, 자본주의 제도에도 문제가 없지는 않았다. 애덤 스미스의 경제인 모델에 기초한 자본주의가 70년가량 지속된 후에 문제점을 드러냈을 때, 자본주의의 시장원리를 반대하고 생산수단을 공유화함으로써 사회주의 또는 공산주의 사회의 건설을 목적으로 하는 경제학설과 정치운동이 등장했다. 그것을 '마르크시스트 사회주의(Marxist socialism)' 또는 '공산주의(communism)'라고 한다.

서구 자본주의는 19세기 중엽 최고의 전성기를 맞았으나 산업혁명의 성숙과 더불어 산업사회 자체 내의 모순을 드러내게 되었다. 따라서 애덤 스미스의 고전경제학은 리스트(Gerog Friedrich List, 1789~1846)를 비롯한 독일의 역사학파뿐만 아니라 칼 마르크스의 사회주의 경제학에 의해서도 크게 비판을 받았다. 마르크스가 《공산당 선언(Manifest der Kommunistischen Partei)》을 발표하여 "가진 자를 타도하라!"고 주장한 것은 1848년이었다. 1776년이 자본주의에서 중요한 해였던 것과 같이 1848년은 공산주의의 중요한 해였다. 이때부터 경제학은 양분되었고, 전 세계는 자본주의 사회 대 공산주의 사회로 나누어졌다. 20세기 말, 일부 공산주의 국가를 제외한 동구의 몰락(1989)과 소련이 해체(1991)될 때까지 세계 인구의 3분의 1 이상이 마르크스 경제학을 신봉하는 공산주의 사회에서 살았다.

마르크스의 경제사상은 철학사상에서 비롯되었다. 그에게 가장 영향을 끼친 사람은 헤겔(Georg Wilhelm Friedrich Hegel, 1770~1831)로서, 그의 변증법은 마르크스 이론의 핵심이 되었다. 마르크스는 인간사회는 원시공산사회 → 봉건사회 → 자본주의 사회 → 사회주의 사회라는 변증법적 도식에 따라 발전하며, 각 시대는 그 내재적 모순에 의해 붕괴되고 새로운 제도를 갖춘 공산주의 사회로 옮겨갈 것이라고 주장했다.

▌경제인 모델의 종말

앞서 말한 바지만 '인간은 경제적 동물' 이라는 개념은 부르주아 자본주의와 마르크시스트 사회주의의 공통적 상징이다. 자본주의와 사회주의 모두 인간의 자유로운 경제활동을 인간의 목적달성의 수단으로 보기 때문이다. 경제인에게는 경제적 만족만이 사회적으로 중요하고 의미 있는 것으로 간주되며 경제적 지위와 특권과 권리를 획득하기 위해 인간은 노력한다. 그것들을 위해 경쟁을 하고 죽을 각오도 하는 것이다. 그 밖의 다른 것들은 위선, 속물 또는 낭만적이지만 무의미한 것으로 취급된다.

사회의 기초로서 '경제인'의 개념이 인정된 분명한 징조는 바로 경제학이 과학으로서 수용되었다는 것이다. 그리고 자본주의 국가든 사회주의 국가든 나라마다 자국의 국가경영 업무를 훈련받은 경제학자에게 임무를 맡기게 되었다. 경제학을 전공한 사람들은 기업의 경영자, 정치 지도자, 강사, 경제 분석가 등으로 활동하게 되었고 그 수는 점점 증가하고 있다.

경제인 자체 또는 경제인에 기초한 어떤 사회에 대한 유일한 기반과 합리화 방법이란, 자유와 평등을 실현한다는 약속이다. 그런데 마르크시즘마저도 자유평등 사회를 실현시킬 수 없다는 것이 증명되자 경제인 사회의 붕괴는 기정사실이 되었다.

1939년 《경제인의 종말(The End of Economic Man)》에서 드러커는 전체주의가 등장한 배경은 '경제인 모델'이 '경제인 사회'에서 '자유와 평등'을 실현하는 데 실패함에 따라 대중이 새로운 인간 모델과 새로운 사회를 필요로 했기 때문이라고 했다.

자본주의는 폐쇄적이고도 뚜렷하게 구분된 계급 간의 불가피한 갈등을 초래한다는 것이 증명되었다. 말하자면 자본주의 사회에 현실적으로 존재하는 유산계급과 무산계급은 경쟁을 통해 자유와 평등을 달성한다는 자본주의적 이념과 양립할 수 없는 것이다. 따라서 자본주의는 평등을 달성한다는 측면에서는 실패했다.

반면 비록 현실을 있는 그대로 인식하고 설명하기는 하지만 마르크시스트가 말하는 계급투쟁 역시 갈등을 해결할 수 없으며 오히려 새로운 계급갈등을 창출한다는 사실을 보여줌으로써 허구임이 증명되었다. 이에 따라 자본주의와 사회주의는 둘 다 신조와 질서의 목적 달성에 실패하고 말았다.

이런 실패는 정치 영역에도 제도를 무의미하게 만들거나 의문을 제기하게 했으나 가장 직접적인 영향을 끼친 것은 경제 영역이다. 이것은 무엇보다도 사회의 성립 기반이기도 한 근본적인 개념, 즉 (제1장에서 언급한) 인간은 고유한 본성을 가지고 있고 사회에서의 자기 역할과 위치를 갖는다는 개념을 뒤흔드는 사실이다. 다시 말해 개인의 경제적 자유가 자동적으로 또는 변증법적으로 평등으로 연결되지 못한다는 사실은 자본주의와 사회주의가 근거를 둔 '경제인의 개념'을 무너트린 것이다.

▌마르크시스트 사회주의가 본 자유와 인간자본

헬레니즘과 헤브라이즘 이래 자유와 평등은 유럽을 지탱하는 두 가지 기본 개념이었다. 마르크시스트 사회주의가 추구하는 궁극적 목적은 부르주아 자본주의와 마찬가지로 진정한 '자유'의 확립이다. 다만 자본주의 사회에 대해 마르크시즘이 반대하는 논리는 사회주의 안에서만 인간은 계급에서 해방되어 자유로울 수 있다는 것이다. 그러나 마르크스는 이 주장을 증명하기 위해 실질적으로 인간이 자본주의 아래서 실질적으로 자유롭고 또 자유를 누릴 능력이 있다는 사실을 부정해야 했다. 사회주의의 약속은 개인으로 하여금 자유의지를 포기하게 하고 자신이 속한 계급의 상황에 종속시키는 것이기 때문이다. 개인의 자유를 계급의 이익에 종속시킨 결과 마르크시즘은 엄청난 종교적 힘을 확보했다. 마르크시즘은 그 교의(敎義)에다가 그것의 불가피성, 궁극적 성공의 확실성, 황홀한 지적 합목적성을 부여했다. 그것이 바로 장 자크 루소(Jean-Jacques Rousseau, 1712~1778)와 마르크스가 주장한 "사회에 의한 구원(salvation by society)"이었다.

또한 마르크시즘은 개인의 자유를 계급의 이익에 종속시킨 결과, 독단적이고도 경직적인 본질을 형성하게 되었다. 목적으로서 또는 그 목적을 달성하기 위한 약속으로서, 계급의 이익을 위해 개인의 자유를 포기하지 않는 한 마르크시즘에서 변할 수 있는 것은 아무 것도 없다. 이것이 마르크시즘의 극단적 취약성을 설명해 주는 것인 동시에 과연 공산주의에서 자유롭고도 평등한 사회의 실현이 가능한가 하는 의문이 제기되자마자 마르크시즘이 빠른 속도로 해체되지 않을 수 없었던 이유였다.

또한 마르크스는 자본주의가 역사의 필요에 따라 등장했으므로 조만간 그 역사적 수명이 다하여 붕괴할 것이며 이상적인 사회주의가 건설된다고 주장했다. 그것은 "역사는 '가진 자'와 '못 가진 자' 사이의 오랜 투쟁"이라는 그의 주장이 대변한다. 기계의 보급으로 자본가 계급은 더 부유해지고 노동자 계급은 더 가난해짐으로써 궁극적으로 한 사람이 세계의 모든 부를 소유하고 나머지 사람들은 모두 피고용인이 되는 지경에 이른다는 것이다. 이렇듯 자본주의가 소수의 강력한 자본가들에게 기업의 소유권을 집중시키고 힘없는 프롤레타리아를 끝없이 착취하게 되면 '잃을 것이라곤 쇠사슬밖에 없는' 프롤레타리아에 의해 타도될 것이라 예견했다.

마르크스의 경제이론들(노동가치설, 잉여가치, 자본축적 과정, 자본주의 쇠퇴론)은 오늘날 여러 사람에 의해 비판받고 있다. 첫째 노동가치설은 자본, 기술, 경영관리능력 등 다른 생산요소의 중요성을 무시하고 있다. 둘째 자본주의 붕괴론은 현실적으로 다르게 전개되고 있다. 선진 자본주의 국가들은 케인스혁명으로 경제계획과 사회정책을 통해 경제공황을 어느 정도 막아내고 있다.

사실 마르크스는 자본주의 체제의 놀라운 성장력과 실질 임금상승을 목격하지 못했다. 마르크스의 사상과 학설은 기계의 등장과 자본의 집중, 일부 천민자본가의 착취와 궁핍한 실직 노동자가 일시적으로 불균형한 상태에 있었던 당대(마르크스가 살았던 1820~1880사이)만을 기준으로 하여 성립된 이론에 지나지 않았다.

▮ 제1차 대전의 사회적 의미

마르크스는 유럽의 마지막 혁명이 일어난 1848년 "세계의 노동자들이여 단결하여 투쟁하자!"고 선동했다. 그러나 산업화된 유럽의 경우, 사회주의에 대한 믿음은 1917년 러시아에서 실험하기 훨씬 이전에 효력을 상실했다. 사회적 신조로서 그리고 미래의 질서로서의 사회주의가 효력을 상실하는 과정은 느리고도 점진적이었다. 완전히 종료되었다고 간주할 수 있는 특정 날짜를 제시한다면 1914년 제1차 대전이 발발한 날이라고 할 수 있다. 바로 그날, 각국의 노동자 집단들이 자신들만의 이익과 신념으로써 형성한 연대는 노동계급의 국제적 연대보다 더 강력하다는 사실이 분명해졌던 것이다. 당시 노동자

들은 세계 모든 노동자의 이익을 위해 뭉친 것이 아니라 총칼을 들고
서 다른 국가의 노동자들을 향해 서로 총을 쏘았던 것이다. 제1차 대
전으로 마르크스의 예언은 헛되이 되고 말았다.

그날 이후로 계급갈등은 현실적이고 불가피한 현상이긴 해도 그다
지 의미가 없는 것이 되었다. 사회주의는 계급 없는 사회를 만든다는
주장과 새로운 질서라는 주장을 철회하고 말았다. 그리고 바로 그날
무솔리니는 마르크시즘을 포기하고 전체주의로 자신의 투쟁 방향을
바꾸었다. 제1차 대전은 공산주의뿐만 아니라 자본주의에도 큰 타격
을 주었다.

애덤 스미스는 《국부론》을 통해 경제적 결정을 자기조절 능력이 있
는 시장의 자유로운 작동에 맡길 것을 주장했고, 자유방임에 의한 생
산의 증가가 곧 사회정의라고 주장했다. 프랑스 혁명과 나폴레옹 전
쟁이 봉건주의의 잔재를 일소한 뒤 애덤 스미스의 정책은 점차 현실
사회에서 실행되었다. 19세기 정치적 자유주의에 기초한 정책은 자
유무역, 금본위제, 균형예산, 그리고 최소한의 빈민구제 등으로 추진
되었다. 그 후 자본주의는 공산주의의 공격을 받았으나 경제적 측면
에서는 성공을 거두었다.

제1차 대전은 자본주의의 전환점이었다. 이후 무역장벽은 점점 높
아졌고 국제시장은 위축되었다. 각국에서 관리통화제도가 채택됨으
로써 금본위제는 포기되었고, 금융 부문의 주도권은 유럽에서 미국
으로 넘어갔다. 아프리카와 아시아 식민지 국가들은 민족해방 투쟁

을 전개했다. 이어서 1930년대의 대공황을 계기로 경제적인 문제에 국가가 간섭해서는 안 된다는 애덤 스미스의 자유방임정책은 대부분의 나라에서 종말을 고했고, 자본주의 체제 자체에 대한 회의적인 생각이 고조되었다. 제1차 대전 이후의 사회에서는 '경제인 모델' 이후의 인간을 설명해줄 모델을 찾는 노력이 진행된다.

▌다양한 사회주의

사회주의 이념은 고대와 유토피아 문학에서도 찾아볼 수 있지만, 근대 사회주의는 산업혁명이 야기한 사회와 경제를 기반으로 한다. 특히 자본주의 생산양식이 야기한 불평등과 자유방임적 시장경제 체제에 대한 비판정신이 토대였다. 그들은 경쟁과 탐욕스런 개인주의를 비판하고, 형제적 유대로 결합된 생산자들의 공동체를 꿈꾸었다.

미래에는 대중이 자본가로부터 생산수단과 정부를 빼앗을 것이라고 기대했던 사회주의자들도 내용적으로는 사회주의의 특정한 이념, 예컨대 국유화, 사유재산권, 상속권, 경제계획, 시장의 허용 정도 등에 대해서는 서로 의견이 달랐다. "능력에 따라 일하고, 필요에 따라 가져간다"는 구호를 부르짖었지만, 이를 실천하는 방법 역시 달랐다. 그들은 계급 없는 사회를 만들고 모든 시민의 정치적 권리와 신분을 평등화해야 한다고 주장했지만 그것 또한 불가능했다.

국가수입이 공평하게 분배되어야 한다는 점에서는 모든 사회주의자가 동의하였지만, 절대적 평등을 바라는 사회주의자도 있고 직업에 따른 차등지불을 통해 각자에게 적절한 수입을 보장하기를 바라는 사회주의자도 있었다. 이렇듯 좋은 사회로 나아가는 최선의 방법으로써 정부의 지도방식, 정부의 계획기구, 공공기관이나 지방자치기관, 생산자의 자치공동체, 분권, 노동자의 지배 등에 관한 견해가 다양하게 제시되었다.

프리드리히 엥겔스(Friedrich Engels, 1820~1895)는 1845년 '사회주의'라는 용어가 모호하고 막연하며 하나로 정의할 수 없는 것이라고 토로했다. 엥겔스 시대 이후로 '사회주의'라는 용어는 자신의 학설에 이용하고 싶어 하는 사람은 누구나 가져다 쓸 수 있는 지적 재산이 되었다. 예컨대 1870년대 후반 독일의 총리 오토 비스마르크(Otto Bismarck, 1815~1898)는 사회주의를 지지하는 단체를 불법화했지만, 몇 년 뒤에 비스마르크는 사회주의의 확산을 막기 위해 "제국(帝國)을 위해 사회주의적 제도를 도입해야 한다."고 선언했다. 파시스트와 전체주의적 독재자들도 종종 자신들이 사회주의 건설에 종사하고 있다고 주장했다.

▌새로운 계급의 등장과 전체주의의 징조

경제적 측면만 보면 사회주의 시스템은 효율성과 생산성의 기적을 불러올 수 있을지도 모른다. 하지만 실제로는 인류가 일찍이 경험해 본 적이 없는, 적대적인 계급들로 구성된 가장 경직되고 가장 복합적인 모습의 사회가 되고 말 것이다. 사회주의 국가는 비록 농노가 수혜자임을 선언한다 하더라도 결국 진정한 자유를 확립하지 못한 채 순수한 봉건주의 사회로 다시 돌아가게 하는 것이다.

12~13세기 초의 봉건주의 시대, 피라미드식 계급적 사회구조는 그 당시 사회를 형성했던 신조에 의해 성립되었다. 그러나 '계급 없는

사회'를 지향하는 사회주의 국가에서, 새로운 사회 계층인 공산당 간부와 테크노크라트(technocrat) 계급은 어떤 이유로도 허용될 수가 없다. 이것이 바로 사회주의가 초래한 불가피한 결과라는 사실이 밝혀지자, '미래 사회 질서의 모범'으로서 인식되었던 마르크시스트 신조에 대한 기본적 신뢰가 근본적으로 무너졌던 것이다. 일상적인 말로 표현하면, 프롤레타리아의 이름을 빌려 권력을 잡은 소수 권력자가 그 권력을 프롤레타리아 대중에게 넘겨줄 날은 영원히 도래하지 않는다는 것을 의미한다. 프롤레타리아 독재는 부르주아 계급에 대항하기 위해 단합된 프롤레타리아라는 관점으로는 더 이상 합리화될 수 없다.

세상 어느 곳에 절대 평등을 지향하는 새로운 국가가 생겨났다. 평등을 위배하거나 질투심을 일으키는 모든 것을 고발하면 당국이 문제를 해결해 주었다. 그런데 모든 나라에는 보기에 따라 매우 잘생긴 소수와 평범한 다수와 못생긴 소수가 있기 마련이다. 어느 날 돈도 없고 얼굴도 안 예쁜 몇몇 여인들이 예쁜 여인들 때문에 질투심을 느낀다고 당국에 진정을 했다. 그러자 많은 평범한 사람들이 덩달아 합세했다. 정부에서는 이 문제를 해결하기 위해 얼굴의 평등을 담당하는 정부부처, 즉 얼굴정의국(Ministry of Facial Justice)을 신설했다. 얼굴정의국은 즉각 모든 여인들은 얼굴이 똑같아야 한다는 법령을 선포한다. 그러자 덜 예쁜 여인들은 돈을 들여 성형수술을 하기보다는 예쁜 여인들이 질투심을 유발한다고 당국에 고발하기 시작했다. 그러자 예쁜 여인들은 법을 어기지 않기 위해 돈을 들여 못난이 얼굴로 성형수술을 받았다. 그런 식으로 그 나라에서는 예쁜 여인들은 사라졌고 시기의 대상이 사라져버리자 모든 여인들은 못생겼으나 행복한 평등사회가 되었다. 그런데 한 남자가 가난하지만 얼굴이 예쁜 한 여인을 사랑했다. 정부는 못난이 성형수술을 할 돈이 없는 그 여인에게 강압적으로 못난이 수술을 강행했다. 여인의 바뀐 얼굴을 본 남자는 여인을 버리고 떠나버렸다.

이 이야기는 지어낸 것이 아니라 영국 작가 하틀리(L. P. Hartley, 1895~1972)가 쓴 소설 《얼굴의 정의(Facial Justice)》(1960)의 내용이다.

미국 여류작가 에인 랜드(Ayn Rand, 1905~1982)는 소설 《아틀라스(Atlas Shrugged)》(1957)를 통해 기회균등을 지나치게 강조한 사회의 모습이 어떤지를 묘사했다. 예컨대 평범한 작가의 소설이 잘 안 팔리는 이유는 독자는 한정되어 있는데 베스트셀러 작가의 책이 너무 많이 팔리기 때문이라고 판단한 정부 당국이 기회균등법을 문학에 적용시켜서 모든 책의 판매 부수를 1만권으로 제한하는 법을 마련한다. 그렇게 되면 독자들은 싫든 좋든 평범한 다른 작가의 소설이라도 보게 될 것이라는 논리다. 그 결과 서점에서는 베스트셀러 1만 권만 팔리고 다른 책들은 재고로 쌓여버려 서점은 폐업되고 만다.

이와 같은 문학적 비판이 등장할 만큼 마르크시즘은 사회와 경제 영역에서 자유와 평등을 실현할 수 없다. 자본주의와 사회주의의 구질서는 회복할 수 없을 정도로 해체된 반면, 새로운 질서는 등장하지 않았다. 자유와 평등을 실현하기 위한 장소로서 스스로 그 역할을 자처하는 인간 행동의 새로운 영역도 없다. 이처럼 경제인의 자리를 대신할 인간의 본성에 대한 새로운 개념이 표면 위로 등장하지 않고 있다는 것은 앞서 말한 바 있듯이 전체주의가 등장하기 직전의 특징적인 현상이다.

경제인의 개념이 붕괴하게 됨에 따라 개인이 준수하던 사회적 질서도 붕괴되고, 그가 존재하는 세계도 합리적 존재 근거를 상실하고 붕괴된다. 인간은 사회라는 거대한 기계 속에 존재하지만 완전히 소외되어 있기 때문에 그 기계의 목적과 의미를 개인은 인정할 수 없을 뿐 아니라 자신의 존재와 관련하여 설명할 수도 없다. 그 결과 사회는 공통의 목적으로 개인들이 결합된 공동체로서의 기능을 상실할 뿐더러 소외된 개체들로 구성된 혼돈의 세계가 되고 만다. 이러한 대중은 전체주의의 등장을 가능하게 하는 토양을 마련한다.

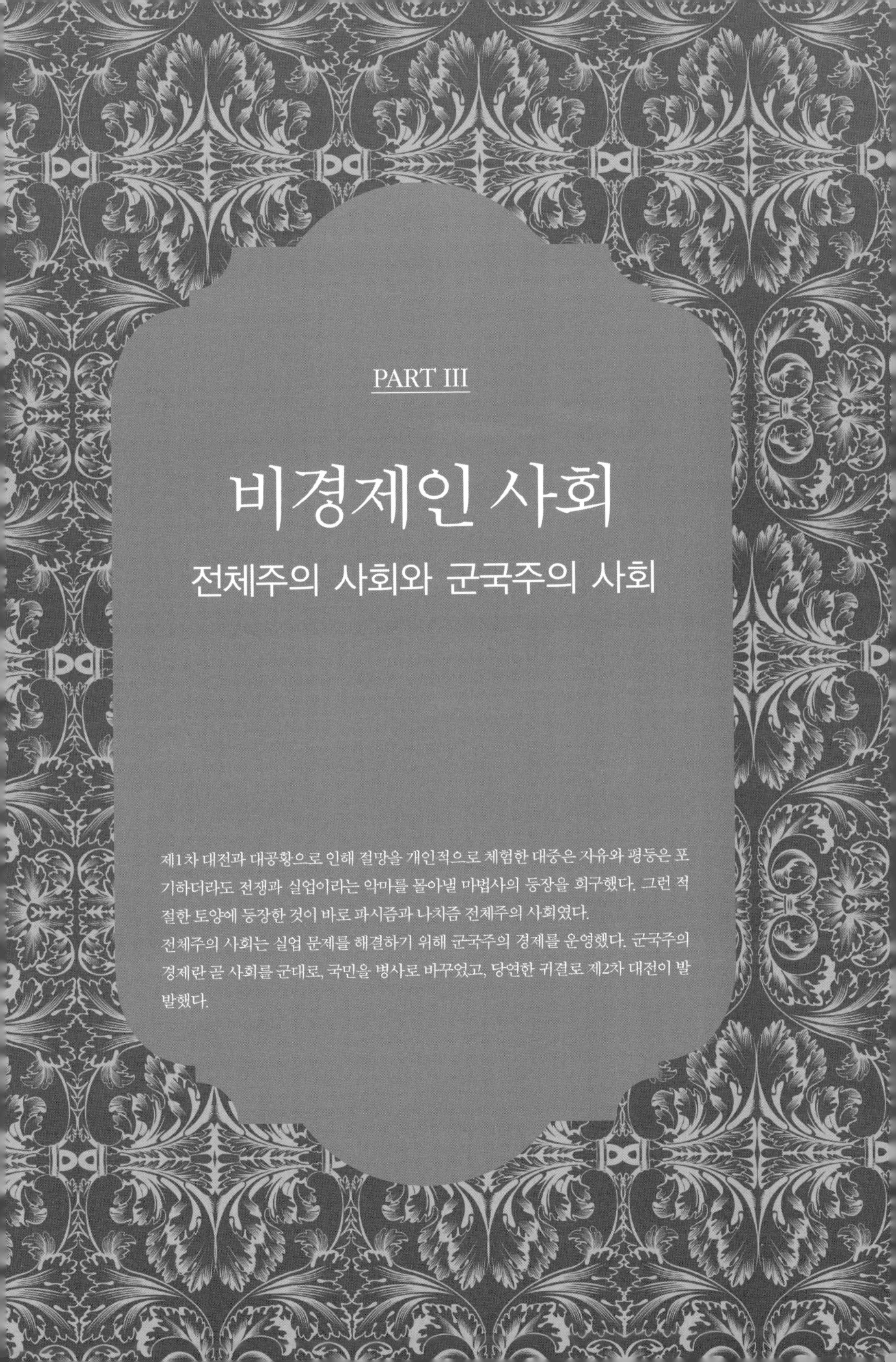

PART III

비경제인 사회
전체주의 사회와 군국주의 사회

제1차 대전과 대공황으로 인해 절망을 개인적으로 체험한 대중은 자유와 평등은 포기하더라도 전쟁과 실업이라는 악마를 몰아낼 마법사의 등장을 회구했다. 그런 적절한 토양에 등장한 것이 바로 파시즘과 나치즘 전체주의 사회였다.

전체주의 사회는 실업 문제를 해결하기 위해 군국주의 경제를 운영했다. 군국주의 경제란 곧 사회를 군대로, 국민을 병사로 바꾸었고, 당연한 귀결로 제2차 대전이 발발했다.

전체주의 사회
−자유와 평등을 포기한 비경제인 사회

▋ 전체주의의 의미와 등장 원인

전체주의(totalitarianism)는 제2차 대전 직전인 1920~1940년대 후발 자본주의 국가에서 농민들의 권위주의적 정서와 더불어 자본주의와 사회주의의 약속 불이행 등의 위기가 맞물려 나타난 정치 경제적 지배체제다. 구체적으로 이탈리아와 스페인의 파시즘(fascism), 독일의 나치즘(nazism), 러시아의 스탈린주의(stalinism), 일본의 군국주의(militarism) 등으로 나타났다.

전체주의의 특징은 국가의 절대 우위, 군사적 가치관, 반자유주의적 국가주의 이념 등인데, 제1차 대전 이후 유럽의 정신적 사회질서가 붕괴된 결과로 등장한 것이다. 유럽의 붕괴를 초래한 최후의 결정적 요인은 마르크시스트 사회주의에 대한 믿음의 좌절이다. 다음의 글은 《경제인의 종말》(1939)과 《산업인의 미래》(1942)에서 발췌한 것으로, 지금부터 60여 년 전에 드러커는 마르크시즘의 몰락을 예견한 셈이다.

"마르크시즘은, 자유가 없고 불평등한 자본주의 사회를 극복하고 '계급 없는 사회(classless society)'를 만들어 자유와 평등을 실현하겠다는 약속으로 등장하고 또 그것의 실패로 몰락한다. 마르크시즘이 실패한 이유는, 마르크시즘이 계급 없는 사회를 만들 수 없을 뿐만 아니라 필연적으로 심지어 한층 더 경직되고 자유도 없는 형태의 계급을 초래하지 않을 수 없다는, 다시 말해 마르크시스트 사회주의가 자신의 신조를 지킬 수 없다는 것을 증명했기 때문이다. 마르크시즘의 신념 체계에 빼놓을 수 없는 근본 강령 가운데 하나가 착취자의 제거다. 자본주의는 점점 더 규모가 큰 생산단위로 통합되는 경향을 보이는데, 그렇게 되면 재산은 몇몇 소수에게 집중되고 특권을 누리는 남다른 사람들의 숫자도 당연히 감소될 것이다. 그 몇몇 착취자들을 제거하면 필연적으로 모두가 프롤레타리아처럼 동등해지는 사회구조로 발전한다. 다시 말해 소수가 가진 재산을 몰수하게 되면 계급 없는 사회를 창출할 수 있다는 것이다. 그렇게 되면 모든 생산수단이 노동자 공동체의 소유로 되고, 생산단위는 하나의 생산단위로 전환되고, 불평등과 특권을 한꺼번에 제거할 수 있게 된다는 것이다. 그러나 실제로는 특권을 누리는 새로운 남다른 사람들, 즉 공산주의 국가의 권력 엘리트들의 숫자는 기하급수적으로 증가한다."

▌제1차 대전과 대공황이라는 악마

개개인들은 제1차 대전과 대공황을 경험함으로써 자본주의 그리고 공산주의의 신조에 대한 믿음의 붕괴를 다시금 확인하게 되었다. 이 두 재난은 개인들로 하여금 기존의 제도, 기관, 원칙들을 변하지 않는 자연법칙으로 받아들이도록 한 일상생활을 파괴했다. 갑자기 개인들은 사회라는 표면 뒤에 있는 진공 상태에 노출되었고, 앞서 말한 사회적 원자들이 되었다. 유럽의 대중은 사회 속의 자기 자신이 합리적이고도 분별력 있는 권력에 의해서 통치되는 것이 아니라 맹목적이고도 비합리적인 악마의 세력에 지배되고 있음을 인식했다.

전쟁은 그 경험을 통해 개인들로 하여금 자신이 비합리적인 괴물의 세계에 살고 있는 있음을 졸지에 일깨워주었다. 다시 말해, 사회 속에서 인간은 평등하고도 자유로운 구성원이고 각자 자신의 장점과 노력에 따라 운명을 개척할 수 있다는 사회개념이 환상이었음이 증명되었던 것이다. 게다가 대공황은 비합리적이고도 예측할 수 없는 세력들이 평화기의 사회를 지배한다는 사실을 증명했다. 갑자기 개인은 영구적인 실업의 위협에 놓이게 되고, 한창 일할 때이거나 일을 시작하기도 전에 산업 쓰레기 더미에 내동댕이쳐지는 위협에 처할 수 있음을 경험하게 했던 것이다.

▌자유와 평등을 포기하게 만든 불황과 실업

불황은 경제성장의 결과로 초래된다. 그러나 불황(결과)이라는 악마를 제거하기 위해 경제성장(원인)을 멈추어야 한다는 생각은 타당한 것이 아니다. 바로 이러한 전제로 인해, 불가피하게 발생하는 결과를 제거함으로써 사회를 유지하려는 시도는 본질적으로 모순일 수밖에 없다는 사실을 유럽 전역이 점진적으로 인식하였다. 특히 프랑스에서 '인민전선(people's front)'의 실험이 실패로 끝났을 때 이러한 인식은 보편화되었다. 좀 더 설명하면 1930년대 중반 유럽 공산당은 파시즘의 세력 확장에 불안을 느끼고 사회주의 정당, 자유주의 정당, 온건 정당이 제휴하여 파시즘에 대항하는 인민전선을 결성했다. 그 가운데 프랑스 공산당은 1934년 인민전선에 가담하여 1936년 인민전선 정부를 구성했지만 경제상황의 악화로 1938년 실각했다.

그 이후 대중은 의식적이든 무의식이든 전통적 사회(원인, 자유평등 사회)를 포기하지 않고서는 악마(결과, 불황과 실업)를 퇴치할 수 없다는 선택의 기로에 놓였음을 알게 되었다. 그리고 경제 분야에서는 자유와 평등을 포기하는 대가를 치른다 해도 경제적 악마(불황과 실업)를 퇴치해야 한다는 견해가 득세하게 되었다.

대중은 악마의 세력이 지배하는 세계에서는 살 수가 없다. 그 결과 유럽 어디서나 경제인의 개념에 기초한 사회에 대한 믿음과 신조는 단 한 가지 기준에 의해 심판을 받게 되었다. 즉 악마를 불러들인다고 위협하는가, 아니면 악마를 퇴치한다고 약속하는가에 달린 것이다. 이처럼 무엇보다 중요한 최고의 목적을 위해서라면 모든 것을 양보하겠다는 새로운 풍조는 경제적 진보를 신봉했던 사람들의 태도를 완전히 바꾸어놓았다.

경제성장에 대한 이런 거부 현상이 몇몇 지역에서 일기 시작한 뒤 수년 동안에 걸쳐 경제성장 자체를 거부하는 지경에 이르게 되었다. 더 이상 '발전이라는 신(god of progress)'에 대해서는 어디서도 들을 수 없게 되었다. 반면 '공황으로부터의 안전', '실업으로부터의 안전', '발전으로부터의 안전'이 최고의 보편적 목적이 되었다. 만약 사회의 발전이 안전을 해친다면 발전을 포기해야만 했다. 새로운 불황을 맞게될 경우 유럽 국가들은 그 악마를 퇴치할 수 있거나 악마의 공격을 누그러뜨릴 수 있는 조치들을 도입하는 데 머뭇거릴 이유가 없어졌다. 비록 그로 인해 경제성장이 중단되거나 후퇴를 초래하고 지속적 착취로 이어진다고 하더라도 말이다.

이러한 점은, 미국의 서브프라임 모기지의 부도로 시작된 세계적인 금융위기에 대처하여 선진국가들이 과거 대공황 시대와는 달리 동시에 재정지출 확대를 통해 경기부양 정책을 편 사실에서도 확인할 수 있다. 그런 정책이 나중에 인플레로 되돌아올 것을 알고 있으면서도 말이다.

▍민주주의와 자유사회의 포기

자유와 평등이라는 오래된 신념과 제도를 포기하는 풍조는 민주주의라는 정치체제와도 밀접하다. 민주주의의 오래된 목적과 민주주의가 이룩한 것들, 즉 생각을 달리하는 소수파의 보호, 자유토론을 통한 문제의 명확화, 평등을 전제로 한 타협 등은 악마를 퇴치한다는 새로운 과제에 아무런 도움이 안 된다. 그러므로 그런 민주주의 제도들은 의미 없고 비현실적인 것이 되어버렸다. 그것들은 더 이상 좋은 것도 아니고 나쁜 것도 아니다. 단지 보통 사람들에게 전혀 중요하지 않은 것 또는 이해되지 않는 것이 되었을 뿐이다.

민주주의를 획득하기 위해 투쟁했고 고통을 받았던 곳이라면, 또는 전통적으로 민주주의가 지역주민들의 역사의식에 뿌리 내린 곳이라면 민주주의는 여전히 강력한 감상적 매력을 발휘할 수 있다. 그러나 악마를 퇴치하는 대가로 민주주의의 포기해야 하는 현실과 직면하게 되면 그런 매력마저도 즉각 사라진다.

이것은 자유라는 개념 자체가 근거를 잃었다는 뜻이며 가치 또한 상실했다는 뜻이다. 즉 경제적 자유가 평등을 보장하지 못한다는 것이 증명되었다. 자신의 최대의 경제적 이익에 따라 행동하는 것, 즉 경제적 자유의 본질은 사회적 가치를 상실했다. 자신의 경제적 이익을 먼저 생각하는 것이 인간의 본질인가 하는 것과는 관계없이, 대중은 그것이 평등을 증진할 수 없으므로 경제적 행위 자체를 유익한 것으로 간주하기를 중단했던 것이다. 그렇게 되자 실업이나 공황의 위협 또는 경제적 희생의 위험을 좀 덜어준다는 약속만 해준다면 경제적 자유를 축소하거나 포기할 의사를 내비친 것이다.

대중은 세상의 합리성이 다시 복구될 수 있다면 자유를 완전히 포기할 각오도 했다. 만약 자유와 평등이 양립할 수 없는 것이라면 그들은 자유를 포기할 것이다. 자유가 안전과 양립 불가능하다면 안전을 선택할 것이다. 자유가 악마를 퇴치하는 데 도움이 되지 않기 때문에 자기 자신이 자유로운지 아닌지 하는 것은 부차적 문제인 것이다. ‘자유사회’는 악마들로부터 위협받고 있으므로, 자유를 포기하거나 비난함으로써 절망으로부터의 해방을 기대하는 것은 당연한 것 이상이다.

유럽 역사를 통틀어 자유는 궁극적으로 개인의 권리였다. 선과 악을 선택할 자유, 양심의 자유, 신앙의 자유, 정치적 자유, 경제적 자유 등은 다수에 대한 개인의 자유, 그리고 조직된 사회로부터 개인의 자유가 없다면 아무런 의미가 없다. 그러나 전체주의가 등장할 당시 유럽에서 설파된 새로운 자유는 개인에 대한 다수의 권리였다. 그 새로운 자유는 독일인이 겨우 다수를 차지하는 영토를 독일에게 넘겨주도록 한 뮌헨 회담에서 국제적으로 인정받게 되었다. 다수가 누리는 무제한의 권리는 자유가 아니다. 그것은 독재를 허가하는 면허증이다.

1938년 독일 뮌헨에서 독일, 이탈리아, 영국, 프랑스의 정상회담이 열렸고, 그 결과 체코슬로바키아의 주데텐 지방을 독일이 접수하는 것을 승인하였다. 영국의 네빌 체임벌레인(Neville Chamberlain, 1869~1940) 수상은 이로써 전쟁의 발발을 막았다고 했으나, 히틀러는 이를 계기로 제2차 대전을 일으킨다. 그 지역의 소수 주민인 체코인은 전체 인구의 49.9 퍼센트에 이르렀지만 모든 권리와 모든 자유를 박탈당했다.

▌합법성을 가장한 전체주의의 출현

또 한 가지 똑같은 이상한 현상이 나타났는데, 그것은 유럽이 자본주의적 질서와 사회주의적 질서에 대한 믿음을 표현하는 조항들의 실체를 폐기하게 된 것이다. 그 조항들은 자유경제 기업의 활동을 보장하는 것, 이익동기를 사회적 건설적 세력으로서 인정하는 것, 그리고 경제성장을 인정하는 것 등은 공황이라는 악마적 세력을 불러오기 때문에 폐기되지 않을 수 없었던 것이다.

정치적 분야에서는 개인적 정치적 자유, 사회적 소수집단의 권리, '여론'이 제시하는 지혜에 대한 믿음, 주권 재민, 대의정치의 원칙과 같은 그 모든 것들이 존재의 타당성을 상실했고 폐기되지 않을 수 없었다. 하지만 형식적 민주주의의 겉모습, 즉 국민의 위탁에 의한 통치, 투표를 통한 국민의 제안과 국민의 의지 확인, 모든 투표자의 형식적 평등권은 유지되었다.

히틀러와 무솔리니는 그들의 정부가 국민의 99퍼센트의 지지를 얻게 되자 '유일한 진정한 민주주의'를 실현했다고 선포했다. 그러나 그들에게 반대하는 투표를 범죄행위로 규정함으로써 누구든 투표할 자유가 있다는 사실을 공공연하게 차단했다. 어쨌든 그들은 국민의 위탁에 의해서가 아니라 신의 위탁을 받아 통치한다고 선포했다.

이것은 1920~1940년대의 가장 중요하고도 전례 없는 특징이다. 슬로건과 형식을 갖춘 겉모습은 빈 조개껍질처럼 유지하면서 모든 실질적 구조는 폐기되었다. 산업사회적 질서의 실체가 대중에게 수용될 수 없으면 없을수록 겉모습의 유지는 더욱 필요하게 된다. 그래야만 파시즘과 나치즘은 '진정한 민주주의' 혹은 '진정한 사회주의'라고 명명될 수 있기 때문이다. 이런 모순이 바로 파시즘과 나치즘이 출현하게 된 진정한 이유다.

그런 모순은 청년 드러커가 살았던 시대에 새로운 신조와 질서가 나타나지 않았기 때문에 가능했다. 독일의 나치스는 1919~1945년, 이탈리아의 파시스트는 1921~1943년 사이에 존재했으므로 드러커는 청년 시절에 양쪽의 경우를 모두 경험하였다. 그것도 관찰력이 뛰어난 기자로서.

한 예로, 토머스 홉스(Thomas Hobbes, 1588~1679)는 91년이라는 당

시로서는 엄청나게 긴 세월을 사는 동안, 1630년대 영국을 혼란으로 몰아넣고 뒤이어 1642~1651년까지 지속된 찰스 1세와 의회 사이의 내란을 지켜보았다. 홉스의 정치적 주장들 가운데 인간이 도덕적 선택을 할 능력이 있는지를 묻는 《리바이어던(Leviathan)》(1651)과 같은 저서와 논문들은 그 전에 구체화되었지만, 영국의 혼란과 내란을 경험하면서 홉스의 견해는 확고해졌다.

구질서는 그 타당성과 현실성을 상실했으므로 그것을 바탕으로 하는 세계는 비합리적인 것 또는 악마적인 것으로 인식되었다. 그러나 새로운 신조의 기초를 제공할 새로운 질서는 아직 등장하지 않았다. 당연한 일이지만, 새로운 질서가 확립되어야만 사회적 현실을 조직하는 새로운 구조와 새로운 제도를 개발할 수 있으며, 새로운 구조와 새로운 제도가 확립되어야만 새로운 최고의 목적을 달성할 수 있는 것이다.

반면 새로운 질서는 지금까지 따르던 구질서의 실체를 유지할 수 없다. 정신적 혼란을 초래하는 구질서를 대중은 견딜 수 없기 때문이다. 그렇다 해도 오래된 조직과 제도를 포기할 수 없는 것은, 그것들을 포기하면 사회적 경제적 혼란을 초래할 것이며 이 또한 대중은 견딜 수 없기 때문이다. 새로운 실체를 형성하고 새로운 합리성을 제공하면서도 구질서의 겉모습을 유지할 수 있는 길을 찾는 것은 절망에 빠진 대중의 절실한 요망사항이다. 그리고 그것이 곧 파시즘이 실현하겠다고 제시한 과제다.

바로 그런 파시즘의 본질 때문에 파시즘은 '합법성' 과 '법적 연속성을 강조했고, 그 결과 그 당시 많은 관측자들을 어리둥절하게 만들었다. 그것이 파시즘의 혁명적 성격을 파악하는 데 실패한 이유이기도 하다.

모든 역사적 경험에 따르면, 혁명은 오래된 겉모습을 부수고 새로운 모습과 제도와 구호를 만들어 주장하는 것을 영광스럽게 생각한다. 그러나 분별력 있는 관측자들이 혁명이 진행되는 과정을 관찰했던 것처럼, 사회적 실체의 변화는 천천히 일어나거나 때로는 전혀 변화하지 않는다. 그런데 파시즘 체제에서는 구질서의 실체를 무자비하게 파괴하면서도 표면적으로는 구질서의 각종 제도를 매우 신중하게 유지했다.

이전의 혁명이었다면, 자신이 대통령으로 있는 공화국을 파괴하는 힌덴부르크(Paul von Hindenburg, 1847~1934)를 독일공화국의 대통령으로 재옹립하지 않았을 것이다. 힌덴부르크는 제1차 대전 중 러시아 전에서 큰 공을 세웠고, 1925년 독일의 제2대 대통령에 취임했으며, 대통령의 특권으로 나치의 활동을 허용하고 히틀러에게 각료의 구성을 명하여 나치 독재의 길을 열었다. 나치즘에서는 이런 모든 역사적 규칙과 전면적으로 반대되는 행위가 불가피했던 것이다.

▋대중이 마법사를 추종하는 이유

파시즘이 모든 자유를 거부하고 또 철폐하는 것은 파시즘 자체가 자임한 임무로부터 파생된 필연성 때문이다. 즉 자유를 실현할 수 있는 인간 활동의 영역이 없어졌기 때문에 파시즘이 출현한 것이므로, 파시즘이 사회에 제공하고자 하는 새로운 실체는 필연적으로 '자유 없는 사회에 존재하는 자유 없는 실체(unfree substance of unfree society)' 일 수밖에 없다. 따라서 파시즘은 본질적으로 유럽이 오랫동안 자유의 개념을 바탕으로 세운 모든 신조와 개념과 신앙의 조항들을 거부하지 않을 수 없는 것이다.

파시즘이 이성(理性)으로부터 등을 돌리고 이성에 대한 믿음을 거부하는 이유는 그것이 파시즘의 본질이기 때문이다. 파시즘은 자신의 과제를 오직 기적을 통해서만 완수할 수 있다. 사람들이 마법사를 마법사로 부르는 이유는, 어떠한 이성적 전통으로도 알려져 있지 않고 어떠한 논리법칙에도 어긋나는 초자연적 방법으로 기적을 일으키기 때문이다. 그리고 유럽의 대중이 요구하는 강력한 기적, 말하자면 전쟁과 대공황과 실업의 얼굴을 한 악마에 의해 정복되는 세계에 대한 엄청난 공포를 완화할 수 있는 기적을 일으킬 능력을 지닌 자는 오직 마법사뿐이었다.

대중이 파시즘과 나치즘에 떼지어 몰려들고, 무솔리니와 히틀러에게 몸을 맡긴 이유는, 파시즘과 나치즘이 이성에 등을 돌릴 수도 있고 또 과거의 것이면 예외 없이 모든 것을 거부할 가능성이 있음을 몰랐기 때문이 아니다. 대중은 파시즘과 나치즘이 이성과 과거를 부정하고 거부했기 때문에 그들을 추종한 것이다.

chapter 06

전체주의적 군국주의 사회
–개인이 곧 군인이 되는 사회

▌전체주의가 추구한 기적, 비경제인 사회

잘 알려지지 않은 사실이지만, 이탈리아와 독일의 전체주의가 지닌 근본적인 특성은 산업사회에서의 개인의 계급, 역할, 지위의 기초로서 경제적 만족, 보상, 가치를 비경제적 만족(non economic satisfaction, 여기서 '비경제적'이란 경제성이 떨어지는 것을 의미하는 것이 아니라 경제적 목적을 중요시하지 않는 것을 의미함), 비경제적 보상, 비경제적 가치로 대체하려는 시도다.

생산활동과 같은 겉모습은 산업사회지만 이익동기를 부정하고 소유권과 경영권을 인정하지 않는 사회, 즉 경제인 개념을 부정하는 사회가 '비경제적 산업사회(non economic industrial society)'이다. 비경제적 산업사회는 파시즘이 추구하는 사회적 기적으로서, 산업사회의 생산 시스템을 유지시키고 더불어 필연적으로 발생하는 불평등한 생산 시스템을 유지하게 해줄 뿐만 아니라 의미 있는 것으로 만들어주었다.

전체주의는 자본주의인가, 아니면 사회주의인가? 물론 어느 쪽도 아니다. 파시즘은 어느 쪽도 타당하지 않다는 단정 아래 사회주의와 자본주의를 초월하는, 이른바 경제적 가치에 기초하지 않는 사회를 추구한다. 파시즘이 관심을 갖는 유일한 경제적 관심은 산업 생산의 기구를 원활한 상태로 유지하는 것뿐이다. 그 비용은 누가 부담하는가, 누가 이익을 보는가 하는 것은 부차적인 질문이다. 왜냐하면 경제적 결과란 전적으로 주요 사회적 과제를 수행하는 과정에서 부수적으로 발생하는 것이기 때문이다.

▌자본주의도 사회주의도 아닌 전체주의

파시즘과 나치즘은 사회적 혁명이지만 사회주의는 아니다. 산업 시스템을 유지하긴 하지만 자본주의도 아니다. 무솔리니와 히틀러는 이전의 많은 혁명 지도자들이 그랬듯이 자신들이 수행한 혁명의 본질을 이해하지도 못했을 뿐만 아니라 자본주의와 사회주의의 '폐해'를 공박하는 것 이상으로 나아가려 하지도 않았다. 그러나 사회적 필요성이 그들로 하여금 비경제적 만족과 비경제적 영예를 발명하도록 촉구했고, 나아가 완전한 비경제인 사회(non economic society)의 건설을 목적으로 하는 사회정책을 만들도록 했다.

이런 방향으로 나아가는 최초의 단계는, 특권층만이 누리던 비경제적 특혜를 사회적으로 전혀 혜택 받지 못하는 최하층 계급에게 제공하는 것이었다. 그런 시도들은 주로 파시스트 조직을 통해 노동자들의 여가시간을 조직적으로 활용하는 방식이었다. 물론 이런 강제적 조직활동은 일차적으로 잠재적으로 위험하고 적대적인 계층을 통제하기 위한 정치적 수단이다. 그리고 적절한 감독을 받지 않은 상태에서는 노동자들이 어떤 회합도 갖지 못하도록 감시하는 경찰 첩자와 선동가가 침투해 있었다. 이러한 것은 노동자의 환심을 사기 위해 조직들이 제공하는 유인책이었다.

그들은 로마시대부터 러시아의 공산주의 체제에 이르기까지 노동자의 환심을 사는 전통적 보상방법으로서 효과적이었던 경제적 보상을 제공하지 않았다. 그것은 전체주의의 주요한 특성이다. 경제적 방법으로 환심을 사는 것이 재정적으로 비용부담이 훨씬 적은데도 불구하고, 노동자의 여가활동을 관리하는 파시스트 조직은 선전활동을 하거나, 일상적인 정치적 기술적 교육 이외에 극장, 오페라, 연주회 입장권을 제공하거나, 알프스와 외국으로 휴가여행을 보내주거나, 겨울철에는 지중해와 아프리카로 여름철에는 유럽 최북단의 노스 케이프(North Cape)로 항해 일주를 보내주거나 하는 비경제적 특혜를 제공했다. 파시스트 조직은 경제적 부와 특권을 누리는 유산계급의 전형적인 비경제적 '과시 소비'를 노동자 계급에게 제공했던 것이다.

노동자 계급이 누리는 이런 만족은 그 자체로 사회적 지위를 표현하는 강력한 상징이었다. 이처럼 사회적 평등의 수단으로서, 즉 계속되는 경제적 불평등을 보상하려는 의도에서 제공되는 비경제적 보상방법은 노동자 계급의 다수에게 그대로 수용되었으며, 특히 독일에서 각별했다. 독일 사람들은 문화적 만족을 어떤 경제적 보상보다도 더 수준 높고 더 중요하며 더 가치 있는 만족으로 간주했다. 이에 따라 나치스의 여가활용 조직은 나치스가 수행하는 과제의 해결에 결정적인 기능을 담당한다. 말하자면 과거에 비한다면 지금의 경제적 불평등은 받아들일 만한 것으로 느끼게 만드는 것이다.

▌사회 유기체설과 영웅적 인간 모델의 등장

이와 같은 방법으로는 경제적 불평등을 이해할 수 있는 것으로 이끌 수 없다. 그런 방법은 문제를 완화할 수는 있지만 해결할 수 없기 때문이다. 공동체 안에서는 각 계급마다 여전히 불평등한 사회적 기능과 불평등한 사회적 지위라는 문제를 안고 있었던 것이다. 이로 인해 경제적으로 불평등하고 적대적인 계급들 사이에 사회적 조화를 강조하는 '사회 유기체설(organic theory of society)'이 다시 등장하게 되었다.

사회 유기체설이란 정치적 실체를 인체에 비유한 것으로, 다양한 계급들이 수행하는 경제적 기능과 중요성이 평등하다는 것을 강조함으로써 기존의 비경제적 사회의 불평등을 합리화하기 위한 논리다. 파시즘은 계급들 사이에 존재하는 경제적 불평등을 완화시킬 뿐만 아니라 비경제적 사회의 가치, 비경제적 지위, 비경제적 역할을 창출하기 위해 유기체설을 이용했다.

나치즘은 독일의 농민 계급을 '독일 민족의 생물학적 중추' 라는 식의 특별한 지위를 부여했는데, 그런 지위는 독일 농민들에게 완전한 사회적 평등을 느끼게 해주며 실체도 없는 자기만족일지라도 사회적 우월성마저 느끼도록 해준다. 독일의 농민들은 국가경제에 공헌한 가치와는 관계없이 이런 지위를 누리게 된 것이다. 오히려 농민들은 경제적으로 국가에 부담이 되고 있다는 사실을 스스로 솔직히 인정하고 있다. 그러나 소규모 농민의 경제적 효용이 매우 의문스럽다는 점과 그 당시 급박하게 불어닥친 '농업의 산업혁명'에 의해 농민의 경제적 실존이 위협받는다는 점 때문에 농민들의 사회적 지위를 확고히 하는 것이 국가적 견지에서 더욱 중요해진 것이다.

농민 계급은 특별법에 의해 보호되고 연설, 가두행진, 상징적 축제 등에 의해 끊임없이 고무되었을 뿐만 아니라 도시에 사는 모든 소년 소녀들은 일정 기간 농부의 감독 아래 농장에서 노동자로 복무하는 규정을 시행함으로써 농민 계급의 중요성이 부각되도록 했다. 강제적인 경작 통제에 따른 농민들의 경제적 지위 하락을 보상해줄 만큼 충분한 것은 아니었지만 무보수 노동력을 공급함으로써 농민들이 거두어들이는 경제적 혜택과 그 외의 여러 경제적 보조금이 결코 보잘 것없는 것도 아니었다. 하지만 그 후 농민의 지위는 자신의 경제적 지위와는 분리되었다. 결국 전체주의 사회에서 농민이 차지하는 위치와 역할을 실질적으로 결정하는 것은 경제적 지위가 아닌 사회적 지위였다.

▌완장을 찬 영웅

농민을 제외한 다른 계급에서도 그들의 사회적 신분과 경제적 신분 사이의 연결성을 단절시키려는 계획이 추진되었다. 노동자 계급의 사회적 우월성, 필요성, 평등성을 고취시키기 위해 사회주의의 노동절(May Day)을 노동 축제일 또는 나치의 가장 중요한 공휴일로 격상

시키거나 하는 식의 상징적 사업이 시행되었다.

전체주의에서 농민이 민족의 생물학적 중추라면 노동자는 정신적 중추였다. 노동자는 자신의 경제적 신분과는 별도로 취급되는 새로운 인간의 개념, 즉 자신을 희생할 각오가 돼있고 자기 규제와 금욕을 통해 '내적 평등성'이 확립된, 전체주의 사회가 개발하려고 하는 '영웅적 인간'으로 부추겨졌다. 그 결과 모든 사람이 노동자이자 병사가 되는 것이다. 강제적 농업활동이 도시인에 대해 농민의 우월한 사회적 지위를 나타내는 상징인 것처럼, 경제적 신분에 관계없이 모든 성인이 의무적으로 노동 봉사활동에 동원되는 것 역시 유산계급에 대한 노동자의 사회적 우월성을 상징하는 것이었다.

중산층 계급도 다른 비경제적 특성을 통해 그들의 평등한 사회적 지위를 획득했다. 중산층은 '민족문화의 표준적 담지자(standard bearer of nation culture)'로 선언되었다. 달리 말하면 '완장'을 채워준 것이다. 그들이 활동하는 파시스트 시민군, 돌격대, 친위대, 히틀러 청년단, 각종 여성 조직들과 같은 준군사적 단체가 이러한 비경제적 목적에 이용된 것이다.

일제시대 때 일본은 헌병은 물론이거니와 면장이나 이장에게도 완장을 채워 조선인을 전쟁에 동원하는 데 앞장서게 했다. 한국전쟁에서도 마찬가지였다. 인민군은 가장 낮은 계층에서 사람을 골라 완장을 채워주며, 그 동안 지주와 양반에게 받은 설움을 몇 배로 갚아주라고 했다. 중국의 문화대혁명을 광란으로 몰아간 것도 어린 홍위병의 붉은 완장이다.

완장은 힘없는 하수인이 호가호위(狐假虎威)하는 수단이다. 윤흥길은 그의 소설 《완장》(1982~1983)에서 그런 현상을 묘사했다. 개발시대의 부동산 졸부 최 사장이 인간 말종인 임종술을 감시원으로 뽑은 것도 그 때문이다. 임종술은 난생처음으로 '선생님' 소리를 듣는다. 그러고는 교장을 찾아가 "왜 저같이 모자라는 멍텅구리를 반장 안 시키고 공부 잘하는 놈들만 쏙쏙 골라서 반장시키셨나요?"라고 항의한다.

파시스트 시민군 또는 나치의 돌격대에게 제공되는 가장 큰 배려는 자신의 출신계급에 관계없이 승진할 수 있다는 점이었다. 모든 계급의 사회적 질투심을 만족시키기 위한 이런 시도들 그리고 각 사회영역마다 비경제적 우월성을 무한정 제공하려는 시도들은 성공적이었다. 그런 시도들은 하층 계급들로 하여금 사회적 평등을 진실로 느낄 수 있도록 했다.

반면 이런 시도들을 신뢰하지 않는 유일한 계급, 즉 경제적으로 획득한 지위 대신에 새로운 비경제적인 사회적 우월성을 인정할 의사가 없는 계급은 혁신 기업가와 일반 사업자 계급뿐이었다. 혁신 기업가와 일반 사업자는 명예로운 직위라는 빈껍데기만 던져주고 자신들이 누려온 경제적 효용을 박탈하려는 시도를 눈치 채고 있었기 때문이다. 어찌됐든 산업계의 최고경영자 또는 기업가 계급은 '지도자 원칙(Fuehrer pringip)'에 따라 그들이 담당할 사회적 지위를 부여받았다. '지도자 원칙'이란 전체주의 사회에서 지도자 개개인이 준수해야 하는 영웅적 리더십 원칙에 따르는 것으로, 이 또한 전적으로 비경제적 특성을 바탕으로 하고 있다. 여기서 말하는 '지도자'의 역할과 지위는 자신이 수행하는 경제적 역할과 소유한 부를 바탕으로 한 것이 아니라 정신적 분야에서 자신의 능력을 증명해야 획득되는 것이다. 이런 증명과정에서 실패하면 자신의 경제적 지위를 박탈당한다는 이런 명제는 이것을 처음으로 제창한 독일 사람들에 의해 진지하게 받아들여졌다.

▌전체주의적 군국주의 사회

전체주의적 군국주의 경제(Wehrwirtschaft), 즉 경제적 활동과 사회적 활동에 관련된 모든 활동을 군사체제에 맞춘 경제조직은 산업사회의 겉모습은 바꾸지 않고 그대로 유지하면서 사회의 비경제적 기반을 제공하는 중요한 사회적 목적을 수행한다. 그 중에서도 중요한 목적은 완전고용의 창출, 그로써 실업이라는 악마를 퇴치하는 것이다.

군국주의는 모든 사회적 관계를 고급 장교와 하급 장교라는 관계 모델 또는 상사와 부하라는 관계 모델로 통합시키려는 의도를 보인다. 말하자면 경제적 특권으로부터 나오는 권위를 명령 통제에 의한 권위로, 경제적 보상의 격차(보수)를 군사적 격차(훈장)로, 사적 이익추구 동기를 군사활동의 신사도(紳士道) 추구 동기로, 조립 생산라인의 노동자 역할을 개별 군인의 역할로 대체하려는 노력이다. 경제적 의존성의 수용, 경제적 보상의 불평등성, 대량생산 산업의 원칙 등은 경제적 목적이 아니라 군사적 목적에 기여되어야 한다. 요컨대 군국주의 경제는 나라 전체를 하나의 군대로 취급한다. 여기에는 어떤 '민간인'도 허용할 수 없다. 심지어 팔에 안긴 어린아이까지도 말이다.

군국주의 경제는 매스컴의 기자들에게도 제복을 입히지 않을 수 없다. 군사조직에서의 적당한 위치와 정당한 근거가 없는 별도의 직업은 인정될 수 없기 때문이다. 또한 기업의 고용주에게는 군대의 행동 규범에 복종하고 군법에 따르도록 강요해야 한다. 왜냐하면 노동자에 대해 고용주가 갖는 권한의 유일한 원천은 고용주의 정신적 기술적 '전쟁 수행 적성(fitness for battle)'에 바탕을 두어야 하기 때문이다.

군국주의 경제는, 마르크시스트들이 단언하는 바와 같이, 자본주의 착취자에 의한 노동자의 철저한 노예화를 눈가림한 것에 지나지 않은 것일 수도 있다. 군국주의는 육체노동자의 모든 자유를 철폐하고 노동조합을 억압한다. 노동자가 스트라이크를 일으키는 것은 허용되지 않는다. 노동자는 명령받은 대로 많은 시간을 일하지 않으면 안 된다. 그는 고용주에게 사표를 제출할 수도 없으며 다른 공장으로 옮겨갈 수도 없다. 허락이 없이는 한 도시에서 다른 도시로 이사할 수도 없다. 국외로 나가지 못하는 것은 말할 나위도 없다. 월급을 받는 사무직 종업원도 육체노동자와 비슷한 취급을 받았다.

이것은 자본주의 체제에서 사무직 근로자가 당하게 될 운명에 대해 마르크시스트 이론이 예측한 것처럼, 사무직 종업원들의 사회적 정치적 프롤레타리아화가 실현된 것처럼 보일 수도 있다. 이것은 경제적 용어로 설명할 때 고용주가 더 이상 어떤 자유도 통제력도 가지고 있지 않음을 의미한다. 심지어 군국주의 체제의 명령이 자신의 개인적 경제적 이익을 무시하는 경우에도, 그리하여 오직 사회라는 군대 전체를 위해 일해야만 하는 경우에라도 이의 없이 명령을 따라야 한다. 기업가들은 의견교환을 해보지도 못하고 보충설명도 없이 지시만 받을 것이다. 더 심한 경우는 그런 명령들이 경제적 절차를 밟은 정당한 권한으로부터 나오는 것이 아니라 권한이 없거나 권한을 초월한 곳으로부터 나온다는 사실이다. 예를 들면 참모본부 또는 정부 관료로부터 나온다. 게다가 고용주는 신체적으로나 경제적으로 모두 '강제이동' 될 수 있다. 즉 정부의 명령에 따라 언제든 개인재산을 처분해야 할 수도 있고, 개인 소유의 공장을 폐쇄해야 할 수도 있고, 공장의 생산을 두 배로 올려내야만 할 수도 있다. 이 모든 결정은 정부가 내린다.

사실상 기업가는 자신의 종업원들과 마찬가지로 자유가 없다. 그는 정부의 허가가 없이는 사람을 채용하거나 해고할 수도 없다. 그는 경쟁자로부터 종업원을 빼내려고 해서도 안 된다. 그는 임금을 얼마만큼 지불하라는 통보를 받는다. 제품의 판매가격은 일방적으로 정해진다. 규모가 큰 몇몇 기업들, 예를 들어 건축자재 공장, 구두 공장, 비료 공장들은 주문에 따라 물품을 공급하고 난 뒤 지급받는 금액이 원가보다도 상당히 낮았다.

1930년대 히틀러의 독일이 자국의 경제적 궁핍을 해결하기 위해 자유자본주의 국가들에게 의존하는 것, 또는 스탈린 체제의 소련이 민주주의 국가들로부터 필요한 원조를 받는 것은 이론적으로는 가능한 듯 보였다. 하지만 자국의 사회적 정치적 체제를 포기하지 않고는 자유자본주의 국가로부터 필요한 자본을 획득할 수 없었다.

나치 독일이나 스탈린의 소련과 같은 '사회적 정치적 전체주의 사회'는 경제적으로도 완전히 전체주의 사회가 되어야만 한다. 그것은 모든 경제활동을 비경제적 목적에 완벽히 종속시켜야만 한다는 뜻이다. 따라서 완벽해야만 하는 사회통제에 조금이라도 예외가 생기면 그것은 전체주의 사회를 교란시키거나 위험하게 만든다.

소련은 진작에 이런 현상을 1920년대 후반 외국인 조차지(租借地)에서 배웠다. 소련 내에 자유로운 사람들이 경제를 운영하는 외딴 지역이 있었고, 이곳은 비경제인 사회로부터 엄격히 격리되어 있었지만 그런 곳이 존재한다는 것 자체가 소련 사람들의 정신을 오염시켰다. 결국 소련의 외국인 조차지는 엄청난 경제적 유용성에도 불구하고 철폐되어야 했다.

최근 한반도의 경우, 경직화 일변도로 나아가던 남북관계가 드디어 관계 단절이라는 마지막 수순으로 들어선 느낌이다. 애당초 대북 포용정책은 무력도발을 하지 않는 조건으로 북한에게 보호비를 제공한다는 면과 동시에 그 돈으로 북한이 핵개발과 무장강화를 함으로써 미래의 도발을 키운다는 양면성이 있었다. 그것은 교류협력의 긍정적인 측면이다. 다른 한편으로 북한 주민의 대남의식 변화라는 부수적 효과가 있었는데, 그것은 북한으로서는 절대 용납할 수 없는 것이다 (그렇다고 해서 북한 주민을 돕지 말자는 뜻으로 해석하는 것은 말의 논점을 벗어나는 것이다). 도가(道家)의 경전에 속하는 《음부경(陰符經)》에는 "은혜에서 해로움이 나온다(害生於恩)"는 말이 있고, 괴테는 "선의(善意)가 재앙(災殃)을 안겨준다"고 했는데 포용정책이 이러한 경우의 예라 할 수 있다.

▍소유도 경영도 없는 생산체제

몇몇 사람들은 경영통제권도 없고 의사결정권도 없는 이런 시스템을 여전히 '자본주의'라고 지칭하는데, 그 이유는 그것이 사적 이익의 원칙을 고수하기 때문이다. 하지만 파시스트 국가의 폐쇄경제 체제에서는 자본 수출을 금지하고 국내에 강제 투자를 강조하기 때문에 이익은 겨우 장부에 표시할 정도의 수준으로 낮아진다.

파시스트 정부는 이익을 없애버리는 대신에 이익을 경제 시스템 내에 한 번 더 순환하도록 촉진하고는 세금과 국공채 매입 형태로 다시 환수해야 한다. 게다가 독일과 이탈리아에서 이익은 군사적 가치에 의한 국익의 요구와 완전고용의 요구에 철저히 종속되어야 하므로 이익 원칙의 유지는 겉치레에 지나지 않는다. 따라서 이익이 경제적 활동의 최고의 목적이 아닌 것은 말할 나위도 없고, 독립적인 목적으로서 자율성마저도 상실했다. 대부분의 경우 이익은 경영자에게 지급할 수수료에 대한 대체품에 지나지 않는다. 그런데도 단 하나의 유보 조건은 파시즘 체제에서도 경영 리스크는 전적으로 소유 경영자 본인이 부담한다는 점이다.

이탈리아와 독일에서는 경영에 참여하지 않는 합작 파트너와 주주들의 이익배분 참여권 및 소유권을 제거하려는 조짐이 확실히 있었다. 기업의 경영자는 그가 소유자이든 또는 단지 고용경영자이든 간에 외부 주주에 대한 모든 책임이 면제되고, 심지어 주식의 과반수 이상을 소유하지만 경영에는 참여하지 않는 대주주에 대해서도 책임을 지지 않는다. 비록 이익이 충분하여 배당을 지급해도 되는 경우에도, 경영자가 배당을 지급하고 싶지 않으면 또는 그 이익을 정부의 국공채에 투자하는 것을 선호한다면, 정부는 경영자가 자신에게 고액의 임원 상여금을 지급하는 것을 허용한다.

이런 경제 제도를 무엇이라 이름붙이든 상관없이 이것은 분명 자본주의는 아니다. 이것은 경제 원리, 즉 소유와 경영이라는 원리가 실질적으로 제거된 산업생산 시스템이다. 이러한 '관리 소비 경제(managed consumption economy)' 가 안고 있는 핵심적 문제는 사회적 정치적 분야에 있다. 대중이 소비 감소를 수용할 의사가 있는 한, 그리고 과거에는 중요성이 낮은 소비재를 생산하던 공장에서 군수품을 생산하는 것을 사회적으로 더 바람직스러운 것으로 대중이 인정하는 한, 군국주의 경제는 기능을 수행한다. '버터 대신에 총' 을 생산하는 것은 경제적 선택의 문제가 아니다. 그것은 정신적, 사회적 선택이다.

일반적인 견해와는 달리, 소비의 감소는 전체주의 사회의 약화를 초래하기보다는 오히려 전체주의 사회를 강하게 하는 힘의 원천이다. 그것은 비경제인 사회의 균형을 잡는 수단이기 때문이다. 다시 말해, 각 계급의 생활수준과 소비수준이 한 단계 위의 계급에 비교하여 상대적으로 낮은 정도가 아니라는 사실은 군국주의 사회가 경제적 보상의 불평등을 비경제적 보상으로 메우려는 정책에 실질적 의미를 부여한다.

이런 식으로 생활수준의 저하는 전체주의의 비경제인 사회에서 오히려 최대의 효과를 지닌다. 그리고 그것은 대중이 비경제인 사회의 이데올로기를 믿지 않을 때까지, 그리고 믿음을 중단하지 않는 한 대중을 계속 만족시킬 것이다. 전체주의 사회의 붕괴는 경제적 붕괴가 아니라 정신적 붕괴로 인한 것이기 때문이다.

드러커는 휴머니스트였다. 그는 "경영은 인간을 위한 것"이라고 역설했다. 드러커가 경영학을 연구하는 최종 목표는 "지상에서의 행복한 삶의 실현"이었다. 개인이 행복해지려면 무엇보다도 경제적 안정과 물질적 소비수준의 향상이 필요한데, 그러려면 기업이 이윤을 올리고 번영해야 한다고 생각했다. 그러나 나치의 비인간적인 행동과 결과를 직접 겪은 드러커는 전체주의 체제에서는 물질적 소비수준의 향상이 불가능하다는 사실을 간파하고 독일을 탈출했었다.

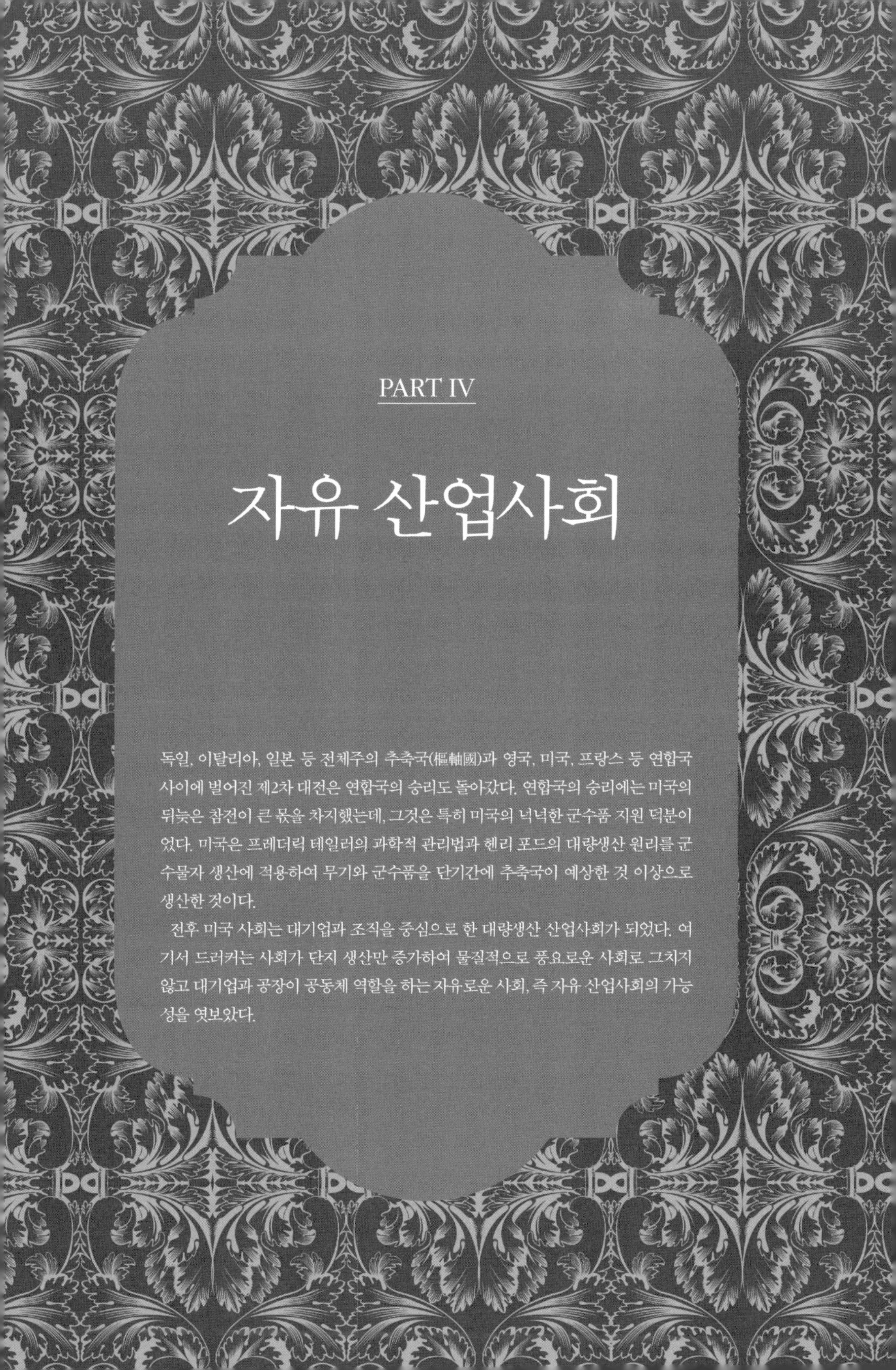

자유 산업사회

독일, 이탈리아, 일본 등 전체주의 추축국(樞軸國)과 영국, 미국, 프랑스 등 연합국 사이에 벌어진 제2차 대전은 연합국의 승리도 돌아갔다. 연합국의 승리에는 미국의 뒤늦은 참전이 큰 몫을 차지했는데, 그것은 특히 미국의 넉넉한 군수품 지원 덕분이었다. 미국은 프레더릭 테일러의 과학적 관리법과 헨리 포드의 대량생산 원리를 군수물자 생산에 적용하여 무기와 군수품을 단기간에 추축국이 예상한 것 이상으로 생산한 것이다.

전후 미국 사회는 대기업과 조직을 중심으로 한 대량생산 산업사회가 되었다. 여기서 드러커는 사회가 단지 생산만 증가하여 물질적으로 풍요로운 사회로 그치지 않고 대기업과 공장이 공동체 역할을 하는 자유로운 사회, 즉 자유 산업사회의 가능성을 엿보았다.

chapter 07

대량생산 산업사회

▌ 자본주의의 복원력과 대량생산 원리

독일과 이탈리아와 일본 등 전체주의 국가들의 동맹인 추축국(樞軸國)과 연합군 사이에 벌어진 제2차 대전이 연합군의 승리로 끝났고, 그후 미국·영국·서독·일본이 거둔 자본주의적 성과는 자본주의의 지속적인 생명력을 입증했다. 한편 1950년 드러커는 사회의 생산양식이 대량생산 체제로 굳어진 산업사회의 문제에 관심을 가졌고, 그 문제를 다룬 《뉴 소사이어티: 산업질서의 해부》를 출판했다.

산업사회에서 1908년 헨리 포드(Henry Ford, 1863~1947)가 최초의 모델 'T'를 출하한 이후로 지금까지 각종 존재양식을 뒤흔들고 있는 대량생산 체제에 필적할 만한 변혁은 없었다. 대량생산 기술의 급속한 발전은 아무런 저항도 없었고, 동시에 대량생산 방식의 충격을 흡수할 만한 산업사회의 경험도 없는 개발도상국 사회에 폭발적으로 파고들었다.

일본 침략기, 연안 도시에서 내륙으로 퍼져나간 대량생산 원리는 세계에서 가장 오래되고 가장 안정적이었던 중국의 가족제도를 붕괴시켰다. 인도에서는 힌두 카스트 체계를 무너뜨리기 시작했다. 공장이라는 조건 아래서는 각 계급간의 접근과 교제를 막는 일이 지속될 수 없었기 때문이었다.

불과 어제만 해도 시골이었고 기계나 공장과는 거리가 멀었던 지역들이 1차 산업혁명(1750년경 시작한 가내수공업을 대체한 초기의 공장제 생산방식)을 거치지 않고 곧바로 대량생산 시대로 건너뛰고 있다. 이 대량생산 원리는 사실 조립라인이나 컨베이어벨트, 호환 가능한 부품 등과 상관없이 독립적으로 응용될 수 없는 것이다. 그러나 대량생산 원리는 기계적인 원리가 아니다. 만약 그렇다면 제조가 아닌 다른 분야에서는 결코 응용될 수 없었을 것이다. 대량생산 원리는 사회적인 원리, 즉 인간조직의 원리다.

▌개인을 대체한 조직

포드의 공장이 갖는 새로운 의미는 기계적인 힘의 조직이 아니라 공통의 임무를 수행하는 '인간의 조직'이었다는 데 있다. 전통문화, 사람과 사회의 관계, 가족에 미친 대량생산 원리의 가공할 영향력 등은 이로써 설명될 수 있다. 이런 많은 영향들 중에서도 생산물 및 생산수단과 노동자의 분리가 가장 두드러진다. 이것은 일찍이 마르크스가 명명한 "노동의 소외"다.

사실상 노동자는 공장에서 더 이상 '생산'을 하지 않는다. 노동자들은 단지 '한두 가지 일'을 할 뿐이다. 그들이 생산한 제품은 어느 한 명의 노동자나 하나의 노동자 집단에 의해서 만들어지는 것이 아니라 공장에 의해서 만들어지는 집단적인 생산물이다. 따라서 노동자 개인은 자신이 생산조직과 생산물에 기여한 부분에 대해 설명조차 할 수 없다. 그는 부품이든 공정이든 제대로 파악하지 못한 채 "내가 하는 일이 바로 이 일이다"라고 말한다.

전적으로 혼자의 힘으로 생산할 수 있는 사람은 극소수의 예술가와 전문인밖에 없다. 나머지 모든 사람들은 생산을 하기 위해 '조직'에 들어가야 한다. 산업 시스템에서 생산적인 활동을 하는 것은 개인이 아니라 조직이다. 개인이 생산수단에 대한 접근이 거부될 수 있다는 사실, 즉 개인이 혼자서는 생산을 할 수 없다는 사실은 또한 과거의 어느 때보다도 훨씬 더 권력의 집중을 초래할 수 있다.

산업사회에서 임금노동으로 대표되는 '직업'이 없이는, 달리 말해 조직에 들어가지 않고서는 사회적으로 유효한 활동을 할 수가 없다. 국민으로서의 자격도, 사회적인 지위도, 동료로부터의 존중도 기대할 수 없으며, 마침내 자존심까지 상실한다. 경제적인 원조가 계속 주어진다 해도 산업사회에서 만성 실업이라는 사회적 파멸을 상쇄할 수는 없을 것이다.

▌대기업의 의미

산업사회에서 의미 있는 지방자치의 유일한 단위들은 기업과 공장 공동체다. 전통적 지자체라고 할 수 있는 타운, 도시, 군이 쇠락하는 이유는 중심이 기업과 공장 공동체로 이동한 결과다. 기업과 공장 공동체가 자율적인 자치기구로서 사회적 안전을 책임지고 관리하는 사회에서 자유는 건전할 것이다.

산업질서의 기능적 요건들을 토의했기 때문에 우리는 이제 다음 질문을 해야 한다. 산업사회의 정치적 요건들은 무엇이며 산업사회가 자유로운 사회로 유지될 수 있게 하려면 무엇이 필요한가?

산업사회의 경제적 문제를 해결하고자 할 때 대기업을 제외하고는 불가능하다. 우리의 물질적 진보가 의존해온 R&D(Research and Develpment)는 너무 비용이 많이 들기 때문에 크고 강한 기업 외에는 수행할 수 없다. 대기업만이 전시 군수품 생산의 부담을 지탱할 수 있으며 평화시에서 전시 생산체제로의 전환 및 역전환이 가능하다. 대기업만이 장기 정책을 채택할 수 있다. 마지막으로 대기업만이 경영자들을 제대로 확보할 여유가 있다. 사실 대기업 반대운동은 대기업 현상의 결과인데도 그 원인으로 보는 것은 이 운동의 기본적 취약성을 말해 준다. 따라서 대기업을 없애려는 모든 시도 또는 반기업 정서는 감상적 향수에 불과하며 실패하게 되어 있다.

현대 기업은 기술적으로나 경영상의 이유로 또한 대량 시장에 상품을 효율적으로 공급할 목적으로 대형화된다. 이때 '대형'이라고 하는 슬로건은 대기업들이 압도적인 경쟁 이점을 누리기 때문에 경기변동에 면역되어 있고 취약하지 않다는 점을 암시한다. 우리에게 주어진 선택은 자유시장에서 서로 경쟁하는 다수의 대기업들과 전체주의에서처럼 하나의 배급기능을 가진 초대형 정부 중 하나를 선택하는 것뿐이다.

중요한 것은 기업의 규모가 아니라 경제의 세포조직들을 꾸준히 새롭게 재생시키느냐 또는 소멸시키느냐 하는 것이다. 다시 말해, 문제는 산업사회의 기초대사(basal meta-bolic, 基礎代謝)인 것이다.

기초대사가 제대로 이뤄지려면 새롭고 젊고 성장 가능한 기업을 육성하기 위한 환경을 조성하는 정책이 필요하다. 이러한 환경은 대기업과 싸우는 식의 부정적인 행동에 의해서 얻어질 수 있는 것은 아니다. 하지만 오늘날 우리의 정부정책은 그 주장이 어떠하든 간에 작지만 젊고 성장하는 기업을 처벌하고 핍박한다.

기업 규제는, 본래 의도는 대기업을 규제하려는 것이지만, 소기업들에게 감당할 수 없는 서류작업과 서식작성이라는 큰 부담을 안겨준다. 또한 재정정책은 경제적 유년기와 성장기에 부수되는 위험들에 대해 대비하지 않는다. 젊고 성장하는 기업이 제반 세금부담을 모두 감당할 수 있기를 기대하는 것은 어린 소년이 보병의 완전군장을 하고 40마일의 강행군을 할 수 있기를 기대하는 것과 같다. 결국 자본시장 모험사업에게 열어주는 확고한 정책과 몇 가지의 새로운 제도들도 필요하다. 오늘날 세금정책은 중앙은행 정책과 결탁하여 새로운 모험사업이 모험자본을 이용할 수 있는 길을 봉쇄하고 있는 상황이다.

새롭고 성장하는 기업을 장려하는 적극적이고 활력 있고 과감한 정책이 대기업의 횡포와 과도하게 집중된 경제력에 대항할 수 있는 최선의 안전판이다. 이러한 정책을 채택한다면 대기업의 독점을 우려할 필요가 없다.

성공하는 기업은 이익, 적립금 및 사내 유보액 중 상당 부분을 위험에 대비하여 유보해 두어야 한다. 정부가 사내유보에 대해 높은 세금을 부과하여 기업의 재투자 능력을 잠식해 버리면 경제는 곧 독점제가 되어 소수의 대기업들만 더 비대해진다. 구식 산업은 사양되고 신진 산업이 발흥하는 것 역시 필요하다. 이러한 노화 및 갱생의 지속적 과정이 경제의 기초대사다. 경제를 자체의 폐기물로부터 보호하는 유일한 길은 산업과 기업을 자본 획득을 위해 서로 경쟁시키는 메커니즘의 활용이다.

'주주(株主)' 란 점차 회사를 소유하는 개인자본가라는 의미로부터 투자금과 배당금을 보장받는 데에 관심을 갖는 사람이라는 의미로 바뀌고 있다. 이미 선진국의 공개기업 주식의 과반수 이상은 각종 연금기금이 보유하고 있다. 연금기금은 기업의 소유와 운영을 목적으로 하지 않고 있다. 따라서 주주를 확보하지 못하면 그 회사는 더 많은 일자리를 만들거나 매력적이고 더 안전한 회사가 되는 데 필요한 자본을 조달하기 어려울 것이라는 점을 이해해야 한다.

chapter 08

자유 산업사회

▌자유 산업사회

드러커의 관심은 이상적인 사회 건설이 아니라 위한 살기 좋은 사회를 만드는 데에 있었다. "기독교도가 되기 전에 사람은 먼저 시민이 되어야 한다."라고 말한 사람은 정치인이 아니고 16세기 스페인이 남미를 정복할 때 종군했던 한 사제였다. '성인(聖人)'보다는 '시민(市民)'이라는 주장은, 이상적인 사회를 추구하기만 할 것이 아니라 현실 사회에서 기능하는 사회가 우선적으로 필요하다는 뜻이기도 하다.

이와 관련하여 16세기 초 라스 카사스와 세풀베다 논쟁은 의미 있는 예가 될 것이다.

1492년 콜럼버스가 신대륙을 발견했을 때 스페인은 식민지를 개척

하고 인디오를 노예로 삼았다. 1501년부터 스페인 국왕은 스페인 귀족들에게 광대한 토지와 원주민을 하사했다. 신대륙의 새로운 지배자가 된 스페인 귀족들은 원주민들을 보호하는 동시에 그들을 기독교 신자로 개종시켜야 하는 의무도 지니게 됐다. 이와 관련하여 1513년 스페인의 법학자들은 명령을 거부하는 인디오들과의 전쟁은 어떠한 경우에도 정당하다고 통고했다. 물론 이에 대한 반성이 없었던 것은 아니다.

1537년 교황 바오로 3세(Paulus Ⅲ, 재위 1534~1549)는 인디오들에게 영혼과 이성이 있다고 결정하고 잔인한 행위를 금지하는 교서를 발표했다. 아메리카 대륙에서 최초로 백인들의 잔인함을 고발하고 원주민들의 권리를 주창한 바르톨로메 데 라스 카사스(Bartolome de las Casas, 1484~1566) 신부는 1542년 〈인디오의 파괴에 대한 간략한 보고서〉에서 쿠바의 원주민들이 당하고 있는 참상을 직접 목격하고 이를 고발했다. 그리하여 스페인 국왕이자 신성로마제국 황제인 카를 5세(Karl V, 1500~1558)는 원주민을 노예로 부리는 행위를 금지했지만, 원주민들의 인구는 빠른 속도로 줄어들었다. 1492~1560년 사이 신대륙에서 원주민 약 4,000만 명이 사라졌고, 하루 평균 1,611명이 죽었다는 통계도 있다. 물론 이 통계는 과장일 수 있으며, 유럽에서 전파된 세균에 면역이 없는 원주민들의 죽음도 포함되었을 것이다.

이 같은 상황에서 1550년 카를 5세는 에스파냐 카스티야 왕국의 수도 바야돌리드에서 인디오의 지위와 운명을 가름할 위원회를 소집했는데, 이것이 바로 가톨릭교회의 주요 인사들이 참여한 가운데 진행된 '바야돌리드 논쟁(La controverse de Valladolid)'이다. 논쟁의 요지는 아메리카에서 발견된 인디오들이 '인류'에 속하는지를 판단함으로써 정복 전쟁과 원주민들을 노예화하는 일의 정당성 여부를 가려내는 것이었다. 자유롭고 지적인 분위기에서 진행된 바야돌리드 논쟁이 세계사적으로 의미 있는 것은, 이로써 정복을 합리화하는 국제법과 그것을 비판하는 인권법이 탄생했기 때문이다.

당대의 석학인 후안 히네스 데 세풀베다(Juan Gines de Sepulveda, 1489~1573)는 아리스토텔레스의 《정치학》, 아우구스티누스의 《신국》, 그리고 《성경》을 인용하여 아메리카 대륙의 소유권이 에스파냐에게 있다는 주장을 펼치면서 하루에 걸쳐 발언했다. 아리스토텔레스의 자연적 노예상태에 관한 이론과 아우구스티누스의 죄에 대한 징벌로서의 노예상태에 관한 이론에 비추어볼 때, 아메리카 원주민들은 인간의 형상을 하고 있을 뿐이지 평등한 주권을 주장할 수 있는 존재가 아니므로 군사적 정복은 원주민을 기독교로 개종시키는 데 가장 효과적인 방법이라는 것이 발언의 요지였다.

그 다음 콜럼버스의 두 번째 여행에 아버지와 함께 동행한 적이 있는 라스 카사스(Bartolome de las Casas, 1474~1566) 신부는 성경을 바탕으로 다음과 같이 반론을 펼쳤다. "아메리카 대륙의 물권을 원주민의 범죄를 근거로 박탈할 수 있는가? 이스라엘인들이 이집트를 탈출하여 가나안 땅을 얻을 수 있었던 것은 그 이전에 신과의 약속이 있었기 때문이다. 이에 비해 신대륙은 유럽인들의 가나안일 수 없다. 인디오의 기독교 개종은 중요하지만 아즈텍과 잉카의 찬란했던 도시들과 이미 발달된 공동체가 있는 만큼 반드시 동의의 과정을 거쳐야 하고 오로지 평화적인 수단만이 동원되어야 한다. 영토에 대한 법적 정당성을 가질 때만이 군사적 수단이 동원될 수 있으며, 교황이나 기독교 군주는 보편적인 정치적 정당성을 갖고 있지 않기 때문에 아메리카를 군사적으로 정복하는 것은 합당하지 않다."

라스 카사스의 주장은 미국의 독립선언서를 연상케 한다. "우리는 다음과 같은 것들을 자명한 진리하고 생각한다. 즉 모든 사람들은 평등하게 태어났으며, 생명과 자유 그리고 행복 추구 같은 빼앗을 수 없는 권리들을 창조주로부터 부여받았다."

엿새 후 교황의 이름으로 특사가 평결을 내렸다. "인디오들은 영혼과 이성을 지닌 온전한 인간이다. 따라서 그들을 비인간적으로 학대하고 부당하게 착취하는 행위는 중단되어야 마땅하다."

그러나 마지막 순간, 뜻하지 않은 결정이 내려졌다. 인디오들을 노예로 삼을 수는 없게 됐지만, 그 대신 더 야만적이고 동물에 가까운 존재인 아프리카 흑인을 노예화하면 된다는 것이었다. 고된 농사일은 인디오보다는 아프리카인들이 더 적당하다며 추천한 사람은 바로 라스 카사스였다. 인디오를 가엽게 여긴 라스 카사스와 값싼 노동력이 필요했던 스페인의 귀족 사이에 타협이 이뤄진 것이다. 현대에 와서 라스 카사스 신부는 '원주민의 옹호자' 또는 '최초의 해방신학자'라고 불리지만, 말년에 라스 카사스는 아프리카 흑인이 노예가 된 것에 대해 크게 뉘우쳤다고 한다.

자유 산업사회는 우리가 전통적으로 생각해온 자본주의와는 매우 다르다. 그것은 또한 우리가 전통적으로 생각해온 사회주의와도 매우 다르다. 산업사회는 자본주의와 사회주의를 초월한다. 그것은 두 체제를 초월하는 새로운 사회다. 드러커가 말하는 자유 산업사회는 전체주의 사회에서 벗어난 자유로운 사회가 대량생산으로 인해 등장한 대기업과 공장에서 공동체를 형성하는 사회를 뜻한다. 따라서 자유롭고 제대로 기능하는 산업사회의 주요 장애물은 제도가 아니다.

자유롭고 제대로 기능하는 산업사회는 사회공학(social engineering)을 필요로 하지 않으며, 용기와 비전이 필요하다. 사회공학은 사회의 급격한 기계화와 공업화와 함께 새로운 대두된 사회적(사회과학, 사회학, 사회심리학) 견해로서 개인의 심리는 큰 역할을 하지 못하며, 사회는 기계적으로 그리고 자동적으로 움직인다고 본다. 자유롭고 제대로 기능하는 산업사회의 진정한 해결과제는 경영진들과 노조 지도부의 리더십이다.

▌복지국가와 지역사회

사람 살기 좋은 곳이 되려면 어느 사회든 자유로운 사회가 되어야 한다. 자유로운 사회와 종속적인 사회 사이에 타협점은 없는 것이다. 산업사회가 자유로운 사회가 될 것인가 종속적인 사회가 될 것인가 하는 것은 주로 국가와 기업 및 공장 공동체의 관계에 달려 있다. 오늘날의 자유사회는 기업과 공장 공동체의 자율성을 요구한다.

시민들이 자신의 정부에 책임 있게 참여하지 않으면 자유사회는 위협을 받게 된다. 시민들의 참여 없는 자유 정부는 내부로부터 쇠퇴할 것이다. 정부가 자유롭기 위해서는 권리나 정부 권력에 대한 제한 이상의 것이 필요하다. 그것은 책임을 맡은 시민들을 필요로 한다. 하지만 정부의 일에 책임 있게 참여하려면 활발한 지역자치가 필요하다.

중앙정부는 시민이 개인적으로 직접 참여하기에는 너무 멀리 떨어져 있다. 시민들은 오직 지역사회에서만 관리의 경험을 얻을 수 있다.

현대의 복지국가는 지역자치 정부가 튼튼하지 않으면 전제적이 될 것이고, 파산하고 말 것이다. 중앙정부로부터 계속 혜택을 받는 한 개인은 그 혜택에 비용이 들지 않는다고 확신할 것이다. 그는 이러한 혜택들 하나하나가 공동체의 생산에 부담이 되며, 혜택을 더 받으려면 생산성과 효율성을 증대함으로써만 가능하다는 점을 이해하지 못할 것이다.

그에 대한 해결책으로서 복지국가를 없애면 된다는 주장은 부질없다. 우리가 우리의 부를 통해서 물리적 생존 위협으로부터 안전을 지키려는 인간의 희망을 충족시킬 수 없다면 그 어느 시대에도 꿈꾸지 못했던 부의 창출 능력이 무슨 소용이 있겠는가? 그러나 복지국가와 자선국가를 혼동해서는 안 된다. 복지국가의 혜택은 국가적으로 계획되어야 하지만 지역적으로 실시되어야 한다.

▌ 자유 산업사회에 대한 미국의 역할

제2차 대전 이후 미국은 대량생산 혁명의 창시국이자 주도국으로서 세계를 이끄는 최강대국으로 부상했다. 하지만 이러한 리더십은 지금까지 기술영역에만 한정되어 있다. 미국은 이 기술과 병행할 사회적 정치적 제도를 발전시키지 못했다. 하지만 대량생산 기술은 기존의 모든 산업이나 사회질서가 견뎌낼 수 없을 만큼 강한 영향력을 지니고 있으므로 세계는 산업시대를 위한 정치적 사회적 제도의 운영 모델을 요구한다.

그러한 본보기로 삼을 만한 모델이 없다면 대량생산 혁명은 대전과 혼란, 절망, 파괴만을 초래할 뿐이다. 또한 그 모델이 자유 산업사회의 모태인 서양에서 제시되지 못한다면 결국 자유 산업사회는 노예적인 모델로 전락하고 말 것이다. 과거에 세계는 헨리 포드가 최적의 해답을 찾아냈다고 믿었고, 포드주의는 인도나 독일 또는 레닌의 러시아에서 동일한 영향력을 가진 구호였다.

레닌(Vladimir Ilich Lenin, 1870~1924)은 러시아혁명 직후 러시아에 테일러주의와 포드주의를 도입했다. 테일러주의와 포드주의가 노동 강화를 위한 노동관리 시스템이지만, 공산주의 사회가 이것을 도입한 것이 잘못된 것이라고 할 수는 없다. 공산주의에서는 부여된 생산력 조건 아래 '무엇이 필요한가'를 찾는 것이 중요하기 때문이다. 이것이 사적 유물론의 역사인식이다.

하지만 헨리 포드의 새로운 구세주인 기계에 대한 순진한 믿음은 급속도로 파괴되었고, 대공황이 닥치자 마침내 완전히 사라졌다. 그러나 기술력, 군사력 및 경제력 등이 앞서 있을 뿐 아니라 서방 세계의 기본적인 이상향인 미국은 리더십을 발휘할 수 있다. 그러한 미국이 역할모델의 임무를 다하지 못한다면, 달리 말해 기능적이고 자유 산업사회를 발전시키는 데 성공하지 못한다면, 바로 그 기술적인 리더십이 미국은 물론 전 세계를 향한 재앙을 초래할 것이다.

좋은 예가 구소련의 공산당원이다. 공산당원만이 호화롭게 살며 다차(별장)를 갖고 있고, 공산당원만이 줄을 서지 않고도 생필품을 구입할 수 있었던 시대가 장기간 지속된 것은 공산당의 지배가 경제성장을 실현하여 결과적으로 주민의 생활을 해결했기 때문이다. 이런 배경을 고려하지 않고는 구소련에서의 공산당 지배를 이해할 수 없다.

▌국유화의 환상과 계획경제의 문제

현대 산업사회는 경영진을 필요로 한다. 경영진의 필요성은 오늘날 모든 나라의 가장 큰 필요성으로서 자금, 원료, 기술 노하우나 기계의 필요성보다 훨씬 더 중요하다. 유럽 좌파들은 개인 소유자들의 재산을 몰수하여 국유화를 하면 경영진이 자동으로 구성될 것이라는 위험한 환상을 갖고 있다. 그러나 국유화는 진정한 의미의 경영 발전을 더 어렵게 할 수 있다. 대체로 유럽의 자본가는 경영진을 양성하는 데 실패했다고 할 수 있다. 드러커는 공산주의의 변형인 사회 민주주의가 환상, 유토피아적 몽상, 지적 오만 및 완벽주의의 유산을 갖고 있다는 이유만으로도 이를 심각히 우려했다.

사회 민주주의는 유럽의 보수적 전통이 안고 있는 생산능력 부족에 대한 반작용일 뿐이다. 그것은 무엇보다 지적으로 완전히 파산한 유럽의 좌파들이 주장하는 바다. 유럽의 좌파들이 옹호하는 것이라곤 과거에 대한 무조건적인 반대다.

정부가 산업을 소유하게 되면 진부해진 산업의 쇠퇴와 새로운 산업의 발흥, 즉 경제의 기초대사를 유지하기가 매우 힘들어진다. 과연 정부가 직접 통제하는 주요산업을 기꺼이 쇠퇴하게 하고 퇴출시키거나 창조적 파괴를 하거나 아니면 국민들의 투자 마인드를 유지하기 위해 구식의 낡은 기술을 폐기할 수 있겠는가?

자유 기업사회에서는 효용성이 다한 기업은 자본유치 능력을 상실하고 결국 파산해 사라진다. 그러나 정부가 기업의 소유주인 경우 아무리 낡았어도 기업이 자본 부족으로 소멸하거나 파산하도록 방치할 가능성이 있을까?

오늘날 존재하는 주요 산업들 중 계획경제 체제에서 탄생한 산업은 단 하나도 없을 것이다. 예를 들어 전기산업, 화학산업, 자동차산업, 알루미늄산업, 레이온산업은 초기에는 사업성이 의심스러웠다. 그들의 기술은 유치했고 필요한 투자액은 엄청났으며 결과는 매우 불확실했다. 이들 기업이 보여준 부실한 사업 전망에 어느 정부가 도박을 하려고 했겠는가? 국민들의 자금으로 이러한 도박을 하는 것이 과연 정당화되겠는가?

'계획'이라는 개념의 기원은 사회주의에 있는 것이 아니고, 제1차 대전의 전시 경제에서 유래한다. 어느 산업에 자본을 공급할 것이며 중단할 것인가에 관한 결정이 전적으로 정부에 맡겨진다면 경제는 급속히 멈춰버리고 동결될 것이다.

▌노동조합주의는 해답이 아니다

노동조합이 정권을 잡으면 사회는 경제적 생산성과 효율성뿐만 아니라 경제적 생존력을 잃게 될 것이다. 이러한 결과로 노조에 대한 사회의 분노가 커지게 마련이다. 결국 정부는 여론에 밀려 노조를 직접 관장함으로써 노동조합주의(trade unionism)를 억압할 것이다. 노동조합주의는 노동조합의 정치적 기능을 부정하고 자본주의 제도를 인정하면서 노동운동의 목표를 노동자의 경제적 지위 향상으로 제한하려는 노동조합 운동이다. 그러나 이것은 사회 민주주의의 종말과 전체주의 정권의 등장으로 이어질 것이다. 말하자면 비공인 파업과 지도

부에 대한 반기가 일반적 현상으로 나타날 것이며, 현 지도부를 경영진의 하수인이라고 비난하는 공산주의자나 파시스트 선동 집단들에 끌리게 될 것이다. 기업이나 공장 공동체가 정부의 직접 통제를 받게 되면 자유사회는 불가능하다. 그것은 노동조합주의의 억압을 가져올 것이며, 또한 개별 시민에 대한 정부의 완전 통제를 초래할 것이다.

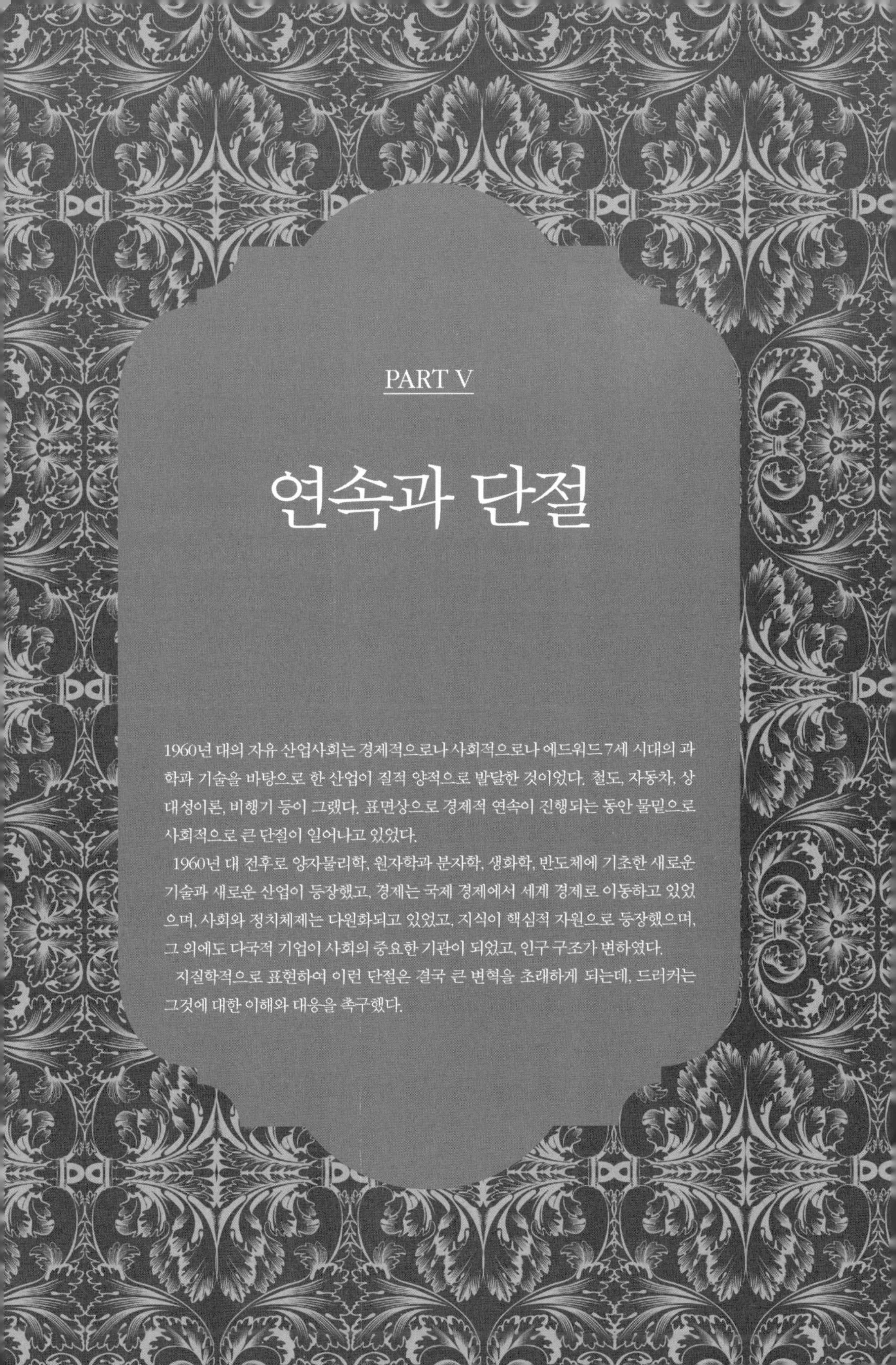

연속과 단절

1960년 대의 자유 산업사회는 경제적으로나 사회적으로나 에드워드 7세 시대의 과학과 기술을 바탕으로 한 산업이 질적 양적으로 발달한 것이었다. 철도, 자동차, 상대성이론, 비행기 등이 그랬다. 표면상으로 경제적 연속이 진행되는 동안 물밑으로 사회적으로 큰 단절이 일어나고 있었다.

1960년 대 전후로 양자물리학, 원자학과 분자학, 생화학, 반도체에 기초한 새로운 기술과 새로운 산업이 등장했고, 경제는 국제 경제에서 세계 경제로 이동하고 있었으며, 사회와 정치체제는 다원화되고 있었고, 지식이 핵심적 자원으로 등장했으며, 그 외에도 다국적 기업이 사회의 중요한 기관이 되었고, 인구 구조가 변하였다.

지질학적으로 표현하여 이런 단절은 결국 큰 변혁을 초래하게 되는데, 드러커는 그것에 대한 이해와 대응을 촉구했다.

chapter 09

연속

▌경제에서 사회로 중심이동하다

누군가 첫 책을 출간한 후 10년 뒤 같은 책의 새로운 판을 내려 한다면 다음과 같은 질문을 하지 않을 수 없다. '같은 책을 다시 쓸 것인가?' 물론 똑같은 내용으로 두 번 출간하는 사람은 없다. 그러나 드러커는 1968년 발표한 《단절의 시대(The Age of Discontinuity)》에 대해 17년 후인 1985년에 이렇게 말했다.

"1960년대 후반 썼던 내용들 가운데서 별달리 수정해야 할 것을 나는 발견하지 못했다. 한두 군데 표현을 바꾸고, 이런저런 설명을 다시 하고, 이곳저곳의 강조점을 바꿀 필요는 느꼈다. 그러나 대체로 말해, 이 책은 내가 보기에 여전히 잘 맞는 옷과 같다. 그 당시 내가 본 그 주요 추세들은 오늘도 여전히 주요 추세로서 자리 잡고 있으며, 오히려 더욱 분명하게 된 것 같기도 하다. 1969년의 독자들에게는 별반 신뢰를 느낄 수 없었던 몇몇 주장들, 예컨대 현대 정부는 정말 매우 중한 질병을 앓고 있다는 주장은 이제 명백해졌다.”

드러커는 《단절의 시대》를 발표한 지 2년 뒤인 1970년 일본에서 개최된 세미나에 참석했는데, 이날 사회자는 이렇게 말했다. “드러커 박사는 15년 전인 1955년에는 ‘일본이 일본의 문화를 보존하기 위해서는, 기능을 수행하는 현대 경제(a functioning modern economy)를 발전시켜야 한다’ 고 했고, 《단절의 시대》에서는 ‘일본의 문화를 보존하기 위해 일본은 기능을 수행하는 현대 사회(a functioning modern society)를 만들어야 한다’ 고 가르치고 있다.”

이 말을 인용하는 이유는 일본뿐만 아니라 선진국 사회의 중심 문제가 ‘경제’ 에서 ‘사회’ 로 이동했음을 강조하기 위해서다.

드러커는 1950년 《뉴 소사이어티》에서 ‘자유 산업사회’ 를 서술한 후 《경영의 실제(The Managing for Results)》(1954), 《창조하는 경영자(Practice of Management)》(1964), 《자기경영노트(The Effective Executive)》(1966) 등 주로 경영에 관한 저술을 발표했으나, 1968년 《단절의 시대》에서는 사회 연속성의 단절 현상에 초점을 맞추었다. 요컨대 《단절의 시대》의 기본적인 테마는, 제2차 대전이 끝난 직후부터 20년 동안 사회의 주요 관심사는 경제 문제였지만 1970년대에는 사회 문제와 사회의 구조에 대한 것으로 이동하고 있다는 것이다.

▌경제의 연속성 시대

경제적 사실과 통계 숫자에만 관심이 있는 사람이라면 20세기 초반의 대재난에 대해 상상도 할 수 없을 것이다. 자세히 말하면 제1차 대전 직전인 1913년부터 세계적으로 학생운동이 벌어진 1968년 사이에 두 차례의 대전, 러시아와 중국의 공산혁명, 히틀러 제국의 등장과 같은 대재난은 통계적으로 아무런 흔적을 남기지 않았기 때문이다.

제2차 대전 이후부터 1968년까지 20년 동안 보여준 세계 공업국가들의 엄청난 경제성장은 두 차례의 세계전쟁을 치른 30년간(1914~1945)의 경제 침체를 메워주었다. 그리고 경제성장은 1913년에 이미 '선진국'이었거나 적어도 급속히 선진국으로 진입하고 있는 공업국가들에 한하여 일어났다.

1970년대는 거대한 변화가 일어나고 있는 시대였다. 정치와 과학에서, 세계관과 도덕관에서, 예술과 전쟁에서 말이다. 그러나 대부분의 사람들이 변화가 가장 크게 일어났다고 생각하는 한 분야, 즉 경제 분야에서는 그 이전 50년 동안의 발전에 비하면 전례가 없을 정도로 연속성이 이어진 시대였다.

1950년대와 1960년대의 경제성장은 매우 빠르게 진행되었다. 하지만 그런 성장은 제1차 대전 이전에 이미 '대기업'을 산출한 오래된 산업들에 의해 주로 달성되었다. 즉, 1913년을 기준으로 그보다 50년 전에 발명된 기술들을 더욱 개발하여 1913년에는 이미 확고하게 자리를 잡은 기술들에 기초한 성장이었다. 기술에 관한 한 지난 50년 동안의 성과는 빅토리아 시대(1837~1901년)에 살았던 선조가 물려준

유산을 실천한 것이지, 일간지의 일요판에 특집으로 설명하는 것과 같은 혁명적 변화의 시대는 아니었다.

빅토리아 여왕이 지배하던 세계를 산산조각 낸 '8월의 포화(The guns of August)' 직전, 즉 1914년 7월 제1차 대전이 발발하자 8월 4일 영국이 독일에게 선전포고를 하고 포격전을 벌이기 직전, 워싱턴 어빙(Washington Irving, 1783~1859)이 1820년에 발표한 소설 《스케치 북(The Sketch Book)》속 인물인 립 반 윙클(Rip Van Winkle)과 같은 경제학자가 한 명 살고 있었다고 상상해 보자.

그 훌륭한 경제학자가 살고 있던 시대는, 번영을 구가했던 영국의 빅토리아 여왕 시대를 뒤이은 에드워드 7세(Edward VII, 1841~1910, 재위 1901~1910) 시대로서 19세기 말과 20세기 초의 전환기였다. 19세기 말 지식인들은 희망찬 새로운 세기를 기다리는 한편 결정적인 종말을 예견하고 염세적으로 자살을 시도하는 사람도 있었다. 하지만 1900년 1월 빅토리아 여왕이 사망하고, 화려한 에드워드 7세 시대가 열렸다. 에드워드 7세 시대는 소위 벨 에포크(la belle epoque) 시대로서 백화점의 전성기였다. 전화, 타자기, 무전기, 축음기, 전기주전자 등은 모두 에드워드 시대에 훌륭하게 개발되었다.

1900년 파리에서 만국박람회가 열렸다. 아르누보(Art Nouveau) 형식으로 디자인된 박람회장 정문으로 사람들이 밀물처럼 몰려왔는데, 남자들은 프록코트를 입었으며 여자들은 몸에 꼭 끼는 재킷에 넓게 펼쳐진 스커트를 입고, 높게 틀어 올린 머리에는 꽃장식과 베일을 드리운 작은 모자를 쓰고 홀쭉한 우산을 들고 있었다. 새로운 패션이었다. 사람들을 찬란하게 빛나는 도시(Ville Lumiere)라는 개념을 만든 전기의 전당(Palais de l' Electricite)을 둘러보고 깜짝 놀랐다.

20세기 초 10년간 위대한 과학의 진보가 이루어졌다. 철도가 확장되면서 급행열차가 1901년 7월 개통되었다. 1903년 영국에서는 자동차 등록제가 처음으로 실시되었다. 1905년 알버트 아인슈타인(Albert Einstein, 1879~1955)은 물리학 분야에서 상대성이론과 질량과 에너지 관계식을 발표했다. 1907년 롤스로이스의 실버 고스트(Silver Ghost)가 처음으로 런던 거리에 등장했다. 에드워드 7세는 열광적인 자동차 애호가였고 왕실 자동차클럽을 승인하였다. 사람들은 점차 마차보다는 버스나 택시를 택했다. 사람들은 시골길을 달릴 때 말을 타기보다는 사육비가 안 드는 자전거를 이용했다. 비행기 여행은 다소 불안하게 여겼지만 새롭고 대담한 것이었다.

50년간의 긴 잠 끝에 지금 막 깨어난 립 반 윙클 경제학자는 최근의 경제보고서와 경제통계를 즉각 훑어본다. 그리고 이 경제학자는 틀림없이 매우 놀랄 것이다. 왜냐하면 그 사이에 경제 사정이 엄청나게 변했기 때문이 아니라, 그 반대로 지난 50년간 어떤 경제학자가 기대했던 것보다도 경제가 변하지 않았기 때문이다.

1914년을 기준으로 이전 30여 년간의 경제적 추세가 이후 50년간 변함없이 지속되었다면, 경제성장에 관한 통계 숫자상으로는 모든 경제 선진국들이 1960년대 중반까지는 그들이 마땅히 도달해야 할 정도의 생산과 소득수준을 전반적으로 달성했음을 보여준다. 립 반 윙클 경제학자가 산업구조와 기술 쪽으로 관심을 돌린다면 마찬가지로 (또한 예상과는 달리) 자신이 익히 알고 있는 사실에 접하고 있음을 깨닫게 될 것이다. 물론 주변에는 그가 모르는 수백 가지 제품들이 있을 것이다. 전기 가전제품, 텔레비전, 제트비행기, 항생제, 컴퓨터 등의 제품들일 것이다. 그러나 경제구조와 경제성장이라는 측면에서 보면 물건은 여전히 같은 기업들이 운반하고 있고, 그것도 1913년에 활용했던 것과 동일한 기술에 바탕을 둔 기업들이 맡고 있다.

물론 새로운 산업과 새로운 기술이 등장하고 있었다. 하지만 경제학자들이 그것의 경제적 '중요도'를 규정하는 바에 따르면, 즉 국민총생산, 국민소득, 그리고 고용에 기여하는 정도를 기준으로 보면 그런 새로운 산업은 민간경제에 미치는 영향 면에서는 아직은 무시할 수준이다. 그러므로 1913년에 활동했던 경제학자는 1960년대의 산업구조를 꽤 정확하게 예측할 수 있었을 것이다. 그러나 그 당시 정상적인 경제학자라면 연속성이 유지될 것이라는 예측은 생각조차 할 수 없었다.

지난 50년 동안(1913~1967) 기술과 산업은 비교적 안정되어 있었는데, 이는 50년 전(1913년 이전)의 사회적 혼돈과는 극히 대조적이다. 오늘날 우리가 누리는 현대 산업문명의 기초를 놓은 대부분의 발명품들은, 제1차 대전과 더불어 종말을 맞은 혼돈의 반세기 동안 세상에 선을 보였다. 합성연료(더불어 유기화학산업), 베세머 제강법, 지멘스 발전기 등이 1850년대 후반과 1860년대에 발명되었다. 전구와 축음기는 1870년대 토머스 에디슨(Thomas Alva Edison, 1847~1931)에 의해 발명되었다. 같은 기간에 타이프라이터와 전화가 발명되었는데, 이것은 가정에서만 시간을 보내던 점잖은 여인들로 하여금 사무실 근무를 하게 만들었으며, 그 결과 그 후 50년간에 걸쳐 여성 해방운동을 일으키고 여성 참정권을 획득하는 길을 터놓았다. 마르코니(Guglielmo

Marconi, 1874~1937)가 발명한 무선전신, 그리고 아스피린(이는 최초의 합성 의약품이자 제약산업의 기원이 되었다) 등은 1890년대에 선을 보였고, 라이트 형제(Wright, Oville, 1871~1948, Wilbur Wright, 1867~1912)는 1903년 비행기를 발명했고, 진공관은 1912년 드 포레스트(Lee de Forrest, 1873~ 1961) 와 암스트롱(Edwin Howard Armstrong, 1890~1954)에 의해 발명되었다.

1960년대 이후 사용되고 있는 대부분의 산업기술은 제1차 대전 이전의 놀라운 반세기 동안 등장한 발명품과 기술을 확장하고 또 응용한 것에 지나지 않는다. 그 다음에 뒤이은 연속성의 시대는 산업구조를 안정시켰다. 위대한 19세기의 발명품들은 모두 하나같이 거의 하룻밤 만에 새로운 주요산업과 거대기업들을 탄생시켰다. 그것들은 오늘날도 여전히 주요산업으로, 그리고 거대기업으로 존재하고 있다. 따라서 경제학자의 기준으로 측정하면 지난 50년간은 연속성의 시대였다. 다시 말해 지난 300여 년간의 역사에서 가장 변화가 없었던 시기로, 17세기를 마감할 무렵 세계무역과 체계적인 영농방식이 처음으로 지배적인 경제요소가 된 이래 가장 변화가 없었던 시기였다.

이 연속성 시대의 경제성장은 엄청난 것이었으며, 특히 1913년 이전에 선진국이 되었던 국가들의 경우 현저했다. 하지만 그 성장은 우리들의 조부와 증조부들이 살던 그 옛날 이미 잘 닦아놓은 궤도를 답습한 것에 지나지 않았다.

▮ 단절과 변혁

1960년대 후반에 이르자 세계경제와 기술 측면에서 단절의 시대를 맞이했다. 우리는 이 단절의 시대를 또한 위대한 경제성장의 시대로 만드는 데 성공할지도 모른다. 하지만 확실한 사실은, 단절의 시대는 변화의 시대라는 것이다. 기술과 경제정책에서, 산업구조와 경제이론에서, 정치와 경영에 필요한 지식에서, 그리고 경제문제에서 말이다. 우리가 19세기의 위대한 경제적 구축물을 완성시키기 위해 한창 바쁘게 움직이는 동안 그 경제적 구축물의 토대가 되었던 것들은 이미 우리의 발밑을 떠나버렸다.

드러커가 말하는 '단절(discontinuity)' 이란 기층을 이루고 있는 사회적 문화적 현실에서 일어나고 있는 주요한 변화를 말한다. 지질학자는 '단절' 이라는 용어를 때에 따라서 '변혁(revolution)' 이라는 말보다 더 넓은 의미로 사용하거나 더 좁은 의미로 사용하기도 한다. '변혁(조산운동과 같은 지각변동을 유발하는 변혁)' 은 지질학적으로 지금까지 익숙하게 보였던 풍경을 없애버리고 새로운 것을 창조하는 지진이나 화산의 분출을 뜻한다. '단절' 은 점진적으로 조용히 진행되며, 화산분출 또는 지진으로 이어지기 전까지는 거의 낌새도 알아차릴 수 없이 추진된다. '변혁' 은 폭력적이고 거창하게 일어나지만, 그것은 대체로 '변혁' 에 앞서 일어나 '변혁' 을 불가피하게 만드는 기층의 변화가 만들어낸 결과다. 그런 점에서 '변혁' 은 '단절' 의 결과다.

사회적으로 '변혁' 은 새롭게 형성되는 현실과 어제의 현실을 대변하는 기존의 제도 및 관습적인 행동 사이에 형성되는 긴장 때문에 발생한다. 반면 '단절' 은 일반 사람들이 그 낌새도 알아차릴 수 없이 사회 변화가 추진된다.

제2차 대전 이후는 새로운 시대의 시작이라기보다는 한 시대의 끝을 의미한다. 그러나 그 과정의 사회변화 자체에 대해서는 별로 주목하지 않았다. 대부분의 관측자들이 여전히 과거만을 회고할 때 앞을 내다본 것이 있다면 《단절의 시대》라 할 수 있다. 그런 이동이 이미 발생했다는 사실은 틀림없이 관측할 수 있을 것이고, 적어도 느낄 수 있는 것이다. 그러나 우익이든 좌익이든, 자유진영이든 전체주의 공산진영이든, 선진국이든 개발도상국이든 간에 표방하는 정치적 구호는 여전히 지나간 현실을 바탕으로 하고 있다.

▌정부가 할 수 있는 일은 무엇인가?

드러커는 제2차 대전을 겪으면서 자유사회는 '경영기관(institution of management)'을 필요로 한다는 사실을 확신하게 되었다. 그리고 1960년대 후반에는 개발도상국까지 경영에 대해 매우 높은 관심을 보이게 되었다. 사실 이 무렵 경영대학, 경영대학원, 경영 관련 저술들은 우리나라를 포함하여 양적인 측면에서 과다한 지경에 이르렀다.

드러커는 경영기관이란 경제적 기관이라거나 기업의 기관이라기보다는 사회의 기관이라는 관점을 항상 유지해왔다. 따라서 경영기관이 해결해야 할 도전들은 경제적인 도전들이라기보다는 사회적 관점의 도전들이다. 다시 말해 드러커는 정치, 사회, 경제라는 차원에서 정부의 역할은 20세기에 정점에 달했고 경제 문제도 어느 정도 해결되었으나 사회적 과제가 남아 있다고 본 것이다.

20세기의 정부는 제1차 대전의 결과로 등장하였으며, 그 후 모든 국가들에 관료주의가 확실히 자리를 잡았다. 1960년대 후반에 이르자 정부는 어떤 체제에 있든 상관없이 권력 집중이라는 측면에서 정점에 도달했다.

모든 국가는 그 어떤 사회적 과제라 해도 정부에게 넘기기만 하면 '해결' 할 수 있는 것으로 확신했다. 그리고 그런 확신은 러시아의 스탈린 또는 흐루시초프 정권하에서 일반적이었던 것처럼 프랑스의 드골 정권, 영국의 노동당 정권, 미국의 케네디 정권에서도 보편적으로 받아들여졌다.

하지만 정부가 무능력해지고 있음을, 그리고 결과를 산출할 수 있는 능력을 급속히 상실하고 있음을 알아차리는 데는 그다지 오래 걸리지 않았다. 소련 정부의 실험은 1950년대에 경제적으로 사회적으로 실패했고, 1960년대 중반이 되자 더 이상 분석할 필요가 없을 정도로 명백해졌다. 그 무렵 미국에서도 린든 존슨 대통령이 1930년대 미완의 뉴딜식 복지국가를 완성하기 위해 추진한 '빈곤에 대한 전쟁' 역시 사회적으로 실패할 것이라는 전망이 명백해지고 있었다.

리처드 닉슨(Richard Milhous Nixon, 1913~1994) 대통령은 1969년 초 취임식 직후 의료, 교육 및 복지 분야의 공무원들을 대상으로 연설하는 자리에서 《단절의 시대》를 날카롭게 공박했다. "피터 드러커는 현대 정부는 오직 두 가지 분야만 잘할 수 있다고 했다. 한 가지는 전쟁을 치르는 일이고, 다른 한 가지는 인플레를 유발하는 일이라고 했다. 나는 드러커 교수가 틀렸다는 사실을 증명하려고 한다." 그 후 확인된 것은 미국 정부는 베트남 전쟁을 통해 전쟁을 일으키는 방법도 모르고 있다는 사실이었다. 더욱이 정부는 인플레를 유발하는 일은 너무나 잘하고 있음을 증명했다.

미국에서 제2차 대전 이후의 시대는 《단절의 시대》가 출판되기 전에 이미 종말을 맞았다. 그 결정적인 사건은 베트남 전쟁, 학생 소요, 또는 1973년의 오일 쇼크가 아니라 1963년 11월 존 F. 케네디(John Fitzgerald Kennedy, 1917~1963) 대통령의 암살 사건이었다. 케네디 대통령의 암살사건은 한 시대의 종말을 의미했다. 그 암살사건은 제2차 대전과 그 후에 완전히 뿌리 뽑았다고 생각했던 악마의 세력이 문명의 얄팍한 껍질 아래 잠복해 있었음을 모두에게 상기시켰다. 일본에서도 마찬가지로 케네디 대통령의 암살 사건은 깊은 상처를 남겼고, 일어날 수 없는 일이 발생했음을 깨닫게 했다.

그 무렵 유럽은 정치적으로 '복지국가'와 '산업경제의 성장'을 확고하고도 지속적으로 확대할 수 있을 것이라 생각하고 있었다. 왜냐하면 복지와 경제성장은 어느 수준을 넘어서면 불가피하게 인플레이션을 유발하게 마련인데, 그때까지도 인플레이션이 유럽의 경제성장과 자유시장을 위협하는 주요 변수로 등장하지 않았기 때문이다.

이제 '정부가 마땅히 해야 할 일이 무엇인가?'라는 질문은 그만둘 때가 되었으며 그 대신 '정부가 할 수 있는 일이 무엇인가?'라는 질문을 할 때가 된 것이다. 후자의 질문은 프랑스혁명 초기 독일의 젊은 철학자 빌헬름 폰 훔볼트(Wilhelm von Humboldt, 1767~1835)가 《기능을 수행하는 정부의 한계》라는 소책자에서 제기한 이래 그 누구도 다시 해본 적이 없는 질문이다. 그 뒤 훔볼트는 주도적인 자유주의 정치인이 되었고, 과학적 언어학의 창시자 겸 19세기 독일 대학의 창건자가 되었다.

드러커는 이 질문에 대해 심사숙고한 결과 '재사유화(re-privatiza-tion)'라는 용어를 만들었는데, 10년 뒤 영국의 총리가 된 마가렛 대처(Margaret Thatcher, 1925~)는 이 용어를 다시 인용하여 '사유화(privatization, 또는 민영화)'라는 말을 만들고는 세계적으로 유행시켰다.

▌1968년의 마르쿠제와 드러커

마르쿠제(Herbert Marcuse, 1898~1979)는 독일 태생 미국의 정치철학자인데, 1923년 유태인 바일 가문(Weil family)이 재정적으로 지원한 프랑크푸르트 사회연구소의 공동 발기인이었다. 그는 히틀러가 독일의 정권을 장악하자 1933년 제네바로 망명했다가 이듬해 미국으로 건너가 컬럼비아대학교에서 교수생활을 했으며, 1940년 미국으로 귀화했다.

마르쿠제가 프랑크푸르트 대학 재직 중일 당시 드러커는 이곳에서 박사과정을 수료하고 강사 노릇을 하고 있었으나, 두 사람 사이의 개인적 교분에 대해서는 알려진 바가 없다.

두 사람의 노선은 전혀 달랐다. 마르쿠제는 제2차 대전 중 미육군 OSS에서 정보분석가로 활약했고 전쟁이 끝난 뒤에는 정보조사국 중부유럽과장으로 일했다. 드러커 역시 미국방부에서 정보분석가로 일했고 전후 마셜 플랜에 참여했다.

마르쿠제는 1951년 교수직으로 복귀하여 하버드대학교, 브랜다이스대학교, 샌디에이고 캘리포니아대학교에서 가르쳤다. OSS(Office of Strategic Services, 전략사무국)는 제2차 대전 때 미국의 정보기관 역할을 하였으며, 1947년에 CIA(Central Intelligence Agency, 중앙정보국)

로 바뀌었다. 거기서 마르쿠제는 정치분석가로 활동하면서 주로 유럽과 관련된 정치와 정보를 분석하는 업무를 담당하였다. 그는 1952년 국무성을 공식적으로 사퇴할 때까지 거의 10여 년 동안 미국의 정부기관에 깊숙이 개입하여 적극적으로 활동하였다.

마르쿠제의 이러한 전력은 나중에 논란거리가 되었다. 좌파 진영에서는 마르쿠제가 미국의 정보기관에서 활동하면서 사회주의 세력을 탄압하는 데 동조하는 등 보수주의로 회귀하였다는 비난을 퍼부었다. 심지어 CIA의 첩자라는 주장도 제기되었다. 마르쿠제가 하버드대학의 러시아연구소 연구원이 되고, 1954년에는 브랜다이스대학교의 교수가 될 수 있었던 것은 그가 미국 정보기관에 협조했기 때문이라는 의혹도 제기되었다.

헤겔과 프로이트와 마르크스의 지적 후계자인 마르쿠제는 발달된 기술이 물질적인 만족을 가져다준 것은 사실이지만 지적으로 정신적으로 예속상태를 초래했기 때문에 서구사회는 부자유스럽고 억압적인 것으로 보았다. 마르쿠제는 마르크스주의적 비판철학과 프로이트적 심리학 분석을 바탕으로 정치적 급진주의, 강력한 이의 제기, 전복될 때까지의 저항을 역설했기 때문에 '신좌파의 아버지'로 칭송되었다. 마르쿠제는 환상과 실천적 행동을 자극하는 사람이었다. 그는 실제적인 조직가가 아니라 행동을 고무하는 선언문을 작성하는 이론가였다. 그는 학생운동이야말로 "자유를 향한 항해"라고 말했다. 그리하여 1968년 파리의 소르본대학교, 서베를린, 뉴욕의 컬럼비아대학교에서 일어난 반체제 학생운동을 일으킨 좌익 급진파 학생들에게 인기가 있었고, 자유와 해방을 갈망하던 수많은 학생들과 젊은이들에겐 정신적 지주이자 영웅이었다. 당시 대부분의 미국의 사회비평가들은 미국의 학생운동이나 베트남 반전운동 등을 순전히 미국적 현상으로 설명하고 '미국적 예외주의' 만을 강조했다.

한편 드러커는 다른 시각으로 보았다. 그는 1967년과 1968년 사이 학생운동과 베트남 반전운동 때문에 혼란에 빠졌던 미국사회를 관찰한 뒤 《단절의 시대》를 저술했다. 여기서 그는 어떤 세계적인 현상에는 지역적인 것이 아닌 세계적인 이유가 있다고 생각했다. 그리고 베트남 전쟁은 한 군사강국이 저지른 국제 치안활동의 실패 사례에 지나지 않는다는 사실을 파악했다. 국제 치안활동으로서 성공한 최후의 사례는 영국이 말라야(Malaya)에서 발생한 공산주의자들의 봉기를 진압한 것이었다. 그러나 여기에 들인 노력과 비용은 대영제국의 붕괴를 가속시키는 역할을 했다. 그 후의 한국, 알제리, 베트남, 아프가니스탄, 그리고 최근 이라크 전쟁도 그런 시각에서 파악할 수 있다.

드러커는 사회적 폭동을 사회적 변화의 증상으로 파악했다. 폭력사태는 해안을 강타하는 큰 파도처럼 매우 파괴적일 수 있다. 파괴의 원인은 큰 파도가 해안을 강타했기 때문이지만 진정한 원인은 바다 밑바닥에서 일어난 지진이다. 따라서 사회적 분출은 진단이 필요하다는 것을 미리 알려주는 것이다. 그것들은 무엇을 나타내는 증상들인가? 그것이 바로 《단절의 시대》의 주요 테마였다.

오랜 세월에 걸쳐 많은 비판을 견뎌낸 모든 사회 분석서들, 예컨대 막스 베버(Max Weber, 1864~1920)의 저서와 소스타인 베브렌(Thorstein Veblen, 1857~1929)의 저서는 새로운 시각을 담고 있을 뿐만 아니라, 출간 즉시 "물론 그렇지"라는 반응을 끌어냈다. 반면 《단절의 시대》는 1973년 제1차 오일쇼크, 1975년 워터게이트(Watergate) 사건, 환경운동을 예측하진 못했지만 첫 출간 이래 40년이 지난 뒤에도 여전히 앞의 두 가지 기준을 충족시켰다.

단절

▍네 가지 단절

드러커는 다음 네 가지 분야에서 단절이 일어나고 있음을 분석하고 예측했는데, 오늘날 다시 그것을 들여다보면 다음과 같다.

첫 번째 단절–새로운 기술과 새로운 산업의 등장

새로운 기술이 급속도로 발전하고 있으며, 이를 바탕으로 새로운 산업이 형성되고 있다. 1960년대까지 성장산업은 19세기 중반과 후반의 과학적 발견들로부터 파생되었다. 20세기의 남은 수십 년 동안 등장할 성장산업은 20세기의 전반기 50~60년 사이에 발견된 지식들인 양자물리학, 원자학과 분자학, 생화학, 심리학, 기호논리학 등으

로부터 비롯될 가능성이 높다. 앞으로 다가올 수십 년 동안 기술의
역할은 기술적으로나 산업적으로나 지난 50년 동안 이어져왔던 것의
연속선상에 있기보다는 19세기를 마감한 수십 년 동안의 그것과 비
슷할 것 같은데, 그 당시는 새로운 기술에 기초한 주요산업이 몇 년
마다 속속 등장했다.

오늘날의 현실 : 드러커는 컴퓨터가 처음 등장하여 과학과 군사 부
문에 적용되고 있을 때 그것이 기업부분에서 가장 큰 영향을 미칠 것
이라고 했는데, 그 연장선상에서 오늘날 IT기술과 인터넷이 초래한
정보사회를 예상한 것이다. 그것을 《21세기 지식경영》에서 설명하고
있다.

두 번째 단절 – 국제경제에서 세계경제로의 이동

각각의 국가들이 독립 단위로서 일차적으로 국제무역을 통해 거래
하는 시대에서 세계는 하나의 시장, 즉 글로벌 쇼핑센터가 되었다.
세계경제는 아직 자생력을 갖춘 경제체제는 아니다. 오늘날 유일한
계급투쟁은 계급간 투쟁이 아니라 인종간 투쟁이다.

세계경제에서는 19세기에 지배적이었던 국가 내의 계급갈등 대신
에 선진국과 개발도상국 사이의 갈등이 자리를 잡아가고 있다. 물론
국가 내의 계급갈등은 여전히 정치적 수사(修辭)로서 그리고 정책 대
상으로 남아 있다. 세계경제는 모든 국가들이 활발히 경제정책을 수
립해야 할 대상이자 새로운 경제적 사회적 제도들을 만들어야 할 영
역이다.

오늘날의 현실 : 1973년 발생한 오일쇼크 역시 단절현상 때문이었

다. 경제 부문의 진정한 세력 중심이 국민경제에서 세계경제로 이동했기 때문이었다. 오일쇼크는 세계의 모든 국가와 모든 경제가 전적으로 세계경제에 통합되어 있다는 사실을 극적으로 보여주었을 뿐만 아니라, 지금도 경제학자들이 타당하다고 인정하는 국민경제의 운영 원리와 정면으로 배치되는 돌이킬 수 없는 현상이 되었음을 보여주었다. OPEC(Organization of Petroleum Exporting Countries, 석유수출국기구)은 개발도상국들 사이에 번진 '인종 전쟁'이라는 감정이 없었다면 성공하지 못했을 것이다.

선진국들에게 고유가(高油價)는 다소 불편하거나 정치적으로 혼란을 유발할 뿐 재정적 측면으로나 경제적 측면으로는 선진국을 도와준다. 왜냐하면 석유수출국의 소득증가분은 오직 두 가지 방식으로 지출되는데, 두 가지 모두 선진 공업국가들을 직접적으로 도와주는 방식이기 때문이다. 우선 선진국으로부터 제품을 구입하는 데 지출되거나 선진국에 투자될 수도 있다.

반면 개발도상국 입장에서는, 에너지와 비료 가격의 상승을 의미하는 석유 카르텔은 치명적인 위협이 된다. 그럼에도 불구하고 석유생산국들이 1973년 원유 가격을 4배로 올렸을 때, 모든 개발도상국들은 박수를 쳤다. 개발도상국들의 지지가 없었더라면 OPEC은 몇 달 만에 붕괴되었을 것이다. 개발도상국들은 고유가가 자국의 미래경제에 얼마나 악영향을 끼칠지 알고도 OPEC의 활동을 세계경제에 있어 '계급의 적(class enemy)'에게 일격을 가하는 것으로 보았고, 부유한 서구 선진국가들의 권력과 지배에 맞서 성공한 최초의 공격으로 보았다. 그것은 자승자박이 될 수도 있었다. 개발도상국들은 열병에 걸린 듯 격렬한 민족주의적 슬로건을 내걸었지만 그것은 사실 세계경제의 틀 속에서 행동하고 있음을 표현하는 것이기도 하기 때문이다.

세 번째 단절─사회와 정치체제의 다원화

다양한 조직들에 기초한 새로운 다원주의가 등장하고 있다. 새로운 다원주의는 정치와 사회에 관한 전통적인 이론이나 일반적으로 타당성을 인정받고 있는 이론들을 유명무실하게 만들고 있으며, 또한 정부의 업무 수행능력을 심각하게 위협하거나 파괴하고 있다.

20세기를 살아가는 우리 자신은 관심을 두지 않고 있는 것을 지금부터 200년 후의 역사가들은 20세기의 중심현상으로서 파악하게 될지도 모른다. 그것은 모든 중요한 사회적 과제들이 각각 대규모 전담기관에 위탁되는 '조직들의 사회(society of organizations, 조직 사회)' 의 등장을 뜻한다. 이 시대를 살아가는 우리들이 보기에 여러 기관들(예컨대 정부, 대기업, 대학, 노동조합 등) 하나하나가 종종 그런 기관 노릇을 하고 있다. 그러나 미래의 역사가가 보기에 가장 인상적인 사실은 새롭고도 독특한 다원주의의 등장, 즉 다양한 기관들이 구성되고 권력은 분산된 사회가 도래했다는 사실일는지도 모른다.

▌다양한 거대조직들의 사회

제1차 대전 발발 이전의 사회는 어디랄 것 없이 캔자스 대평원과 닮았었다. 지평선을 배경으로 하여 보이는 가장 큰 물체는 사람이었다. 대부분의 사회적 과제들은 가족 단위로 구성되었고 가족이 해결했다. 덩치가 커보이는 정부는 실제로는 규모가 작아 아늑하게 느껴질

126

정도였다. 독일제국 정부는 그 당시 사람들에게 거상(巨像)처럼 보였다. 하지만 중간 정도 계층의 공무원이면 모든 부처의 모든 부서에 근무하는 중요한 인물들을 개인적으로 알고 지낼 수 있었다. 그 후 규모의 증가 현상은 놀랄 만한 것이다.

제1차 대전 전까지만 해도 주변에서 볼 수 있는 '규모가 큰' 하나의 조직은 기업뿐이었다. 그러나 1910년의 '대기업' 마저도 오늘날 우리가 보기에는 피라미 정도로 느껴진다. 우리의 할아버지들을 놀라게 한 '문어발 기업', 즉 존 D. 록펠러(John Davison Rockefeller, 1839~1937)의 스탠더드 오일 트러스트는 1911년 14개의 지역별 회사로 분리되었다. 그 후 30년도 채 안 된 1940년까지 그 분리된 회사들 각각은 록펠러의 스탠더드 오일 트러스트보다도 규모가 더 커졌다. 오늘날의 기업들은 존 D. 록펠러 시대의 최대 기업보다도 훨씬 더 크다. 대학들 역시 록펠러의 또 다른 창조물인데, 록펠러는 19세기에서 20세기로 바뀔 무렵 시카고 대학교를 설립했으며 아마 미국 최초의 현대적 대학이었을 것이다. 병원들도 상대적으로 다른 여느 기관들보다도 여전히 더 크고 훨씬 더 복잡하다. 이처럼 모든 기관들이 거대한 조직들이 되었다는 사실을 인정하지 않으면 우리는 우리가 살고 있는 시대의 사회를 이해하기 어렵다.

'권력집중(concentration of power)'의 문제는 더 이상 경제에 국한된 것이 아니다. 최대 규모의 노동조합들 서너 개를 합하면 산업계에서 10대 또는 20대 또는 심지어 30대 대기업들을 합한 것보다 상대적으로 더 큰 파워를 지닌다. 그리고 몇몇 대규모 대학들은 사회생활의 다른 어느 영역에서도 본 적이 없을 정도로 '두뇌집중(concentration of brain power)’을 하고 있다. 그러나 규모와 예산 키우기는 가장 중요한 변화가 아니다. 과거와 비교하여 진정한 변화라고 할 수 있는 것은 오늘날 모든 주요한 사회적 기능들이 그런 대규모 조직기관들을 통해 수행되고 있다는 점이다. 국방과 교육, 정부, 제품의 생산과 분배, 건강관리, 지식탐구 등 주요한 영향을 미치는 사회적 과제는 모두 영구적으로 조직된 기관에 맡겨지고 있으며, 관리자 또는 책임자나 경영자 등의 전문가가 그 일을 맡아 처리한다.

정부는 그런 기관들 가운데 가장 강력한 것이라 할 수 있다. 정부는 분명 지출규모가 가장 큰 기관이다. 다른 기관들도 각각 독자적인 권리를 가지고 사회에 필수적인 기능을 수행하고 있다. 각각의 기관은 고유한 자치권을 갖고 있으며, 고유한 목적, 고유한 가치, 고유한 이론적 근거를 갖고 있다. 만약 정부를 여전히 ‘영주’라고 부른다 해도 더 이상 ‘지배자’가 될 수는 없다. 또는 헌법과 관련된 이론이 어떻다 해도 정부는 점점 더 ‘조정자’, ‘의장’, 기껏해야 ‘지도자’로서의 기능을 수행할 뿐이다. 하지만 역설적으로 정부는 너무 많이 일하고 또 많은 업무들을 함으로써 고통을 겪고 있다. 정부가 목적을 달성하고 또한 강력해지려면 다른 기관들에게 ‘분권화’하는 것을 배워야 하고, 그리고 더 많은 것들을 성취하기 위해 더 적게 일하는 것을 배워야만 할 것이다.

20세기에 등장한 것은 새로운 다원주의(new pluralism)이다. 17세기 정치 이론이 여전히 가르치고 있는 정치구조, 즉 정부가 유일한 조직적 권력기관인 정치구조는 거의 사라졌다. 그러나 그런 새로운 기관들이라 할 수 있는 기업, 노동조합, 대학 등 가운데 하나만을 지적해 그것을 새로운 기관이라고 주장하는 것은 옳지 않다. 사회이론이 의미를 가지려면, 기관들의 다원주의(pluralism of institutions)라는 현실을 바탕으로 출발하지 않으면 안 된다. 오직 빛을 반사함으로서 번쩍거릴 뿐인 위성들로 둘러싸인 큰 중심이 아니라 태양들로 가득 찬 은하계 같은 것이어야 한다.

과거의 다원주의적 권력기관들이라 할 수 있는 귀족, 대수도원장, 소지주 등은 오직 호칭과 수입 측면에서만 다를 뿐이었다. 하나는 다른 하나보다 계급이 높았고 또 지배자였다. 각각은 한정된 영토를 갖고 있었고, 그 종합적인 공동체 안에서 일어나는 모든 조직적 사회활동과 정치적 문제들을 끌어안고 해결했다. 각각의 권력기관이 기본적으로 동일한 관심을 기울이는 활동은 무엇보다 생존문제를 해결할 식량을 확보하는 것이었다. 미국식 연방제도는 여전히 이와 같은 전통적 다원주의를 전제로 하고 있다. 연방정부, 주정부, 기초 자치단체는 모두 독자적으로 뚜렷한 지리적 한계를 갖고 있고 또 상호간에는 위치의 높낮이가 다르지만 본질적으로 똑같은 기능을 갖추고 있다. 각각은 경찰권과 조세권을 가진 지역 정부로서, 그것이 국방이든 사법권이든 공공질서의 유지든 전통적인 정부의 임무를 수행하고 있다.

이것은 새로운 기관에는 그대로 적용되지 않는다. 새로운 기관들 각각은 특수한 목적을 가진 기관이다. 병원은 건강관리를 위해, 기업은 경제적 재화와 용역을 생산하기 위해, 대학은 지식을 향상하고 전파하기 위해, 정부의 각 기관은 국방을 위한 군사행위 등과 같은 구체적인 목표를 수행하기 위해 존재한다. 그것들 가운데 어느 하나가 다른 것보다 높다거나 낮다고 간주될 수 없다. 예컨대 지식의 향상업무가 건강관리 또는 경제적 재화와 용역의 제공보다 우월하다고 주장하는 것은 어리석은 짓이다. 각각은 인간의 생활에 필요한 적은 분야에 한정되어 있으며, 인간 공동체의 한 가지 측면에 국한하고 있다.

이 새로운 다원주의가 직면하는 문제는 과거 다원주의가 안고 있었던 문제나 현재의 정치이론과 헌법에 의한 단원 사회(unitary society)의 문제와는 상당히 다르다. 과거의 다원주의 사회는 소지주에서 국왕에 이르기까지 그 제도 하의 모든 구성원들이 다른 구성원들의 계층구조상 위치가 어떠한지, 다른 구성원들의 임무와 문제가 무엇인지를 정확하게 이해했다. 확실히 모든 구성원들은 정확하게 동일한 임무와 문제를 갖고 있었다. 오직 규모의 차이만 있었다.

반면 새로운 다원주의에서는 각각의 기관은 다른 임무를 갖고 있으며, 서로 다르다는 사실을 당연시할 뿐만 아니라 중요하게 생각한다. 대기업의 부사장, 정부기관의 부서 책임자, 대학의 학부장은 비슷한 규모의 업무를 수행하고 비슷한 종류의 관리적 문제를 처리하고 있다 해도 서로의 역할, 임무, 결정사항을 쉽게 이해할 수 없다.

과거의 다원주의의 구성원들은 '서열'에 대해, 계층구조상 상호간의 위치에 대해 끊임없이 신경을 썼다. 이 점은 오늘날의 다원주의에서는 주요 관심사가 아니다. 병원의 관리자는 자신이 기업 조직의 사장에 해당하는지, 노동조합의 조합장에 해당하는지, 군대의 장군에 해당하는지 하는 문제는 관심이 없다. 그러나 그들은 모두 커뮤니케이션에 신경을 쓴다. 오늘날의 다원주의에서는 어떤 지도자가 다른 분야의 지도자들이 어떤 관심을 갖고 있으며 그 이유는 무엇인지에 대해 짐작이라도 해보려면 엄청난 경험을 쌓거나 엄청난 상상력을 발휘해야 한다.

이런 조직들은 공생해야 하고 또한 함께 일해야 한다. 어느 하나 단독으로는 존재할 수 없는 상호 의존의 관계다. 과거 다원주의 사회의 구성원들이 그랬던 것과는 달리 어느 하나도 단독으로는 종합적인 공동체가 되지 못할 뿐만 아니라 살아갈 수도 없다.

네 번째 단절-지식의 의미 변화

'지식'이 새로운 자본 겸 경제의 핵심자원으로 등장하고 있으며, 조직을 경영하는 '지식근로자들'이 새로운 중심권력 또는 주요 노동력 집단으로 등장하고 있다. 지식과 지식근로자의 책임 및 의무는 정치이론과 공공정책의 핵심과제가 될 것이고, 또한 윤리 문제의 중심적 과제가 될 것이다.

오늘날의 현실 : 기업 경영자뿐만 아니라 병원과 정부기관 등의 관리자는 사회적 책임과 의무를 다해야 한다는 주장이 요즘 쏟아지는 것은, 드러커가 말한 "다양한 조직들에 의한 새로운 다원주의"가 초래한 단절과 새로운 권력 중심점으로서 '지식근로자'의 등장에 따른 단절이 영향을 끼치고 있음을 입증하는 것이다.

지식의 의미 변화, 즉 지식 패러다임의 이동에 관해서는 저자의 다른 책《지식 르네상스인 피터 드러커의 지식 역사》에 상술되어 있다.

《단절의 시대》가 출간되기 전 10년 동안 다국적 기업들이 세계경제에서 위상의 변화를 보인 것에 대해서는 세계경제가 만들어낸 단절의 결과로 해석될 수 있다. 다국적 기업은 개발도상국에게 가장 중요한 기관이고 또한 가장 큰 혜택을 제공한다. 그러나 선진국과 그 정부에 대해서는 점점 더 심각한 정치적 문제를 야기한다.

▌드러커와 갤브레이스

하버드대학의 진보적 경제학 교수 존 K. 갤브레이스(John K. Galbraith, 1908~2006)는 선진국의 주도적 경제학자들 가운데 다국적 기업을 비판하는 거의 유일한 사람이었다. 그러나 1977년 봄, 갤브레이스는 다국적 기업은 개발도상국에 유일한 경제적 희망이 되었으며, 개발도상국이 경제성장과 경제통합을 이룰 수 있는 가장 믿을 수 있는 방법이라고 선언했다.

여기서 갤브레이스와 드러커의 주장을 비교하여 살펴볼 필요가 있다.

드러커와 갤브레이스는 20세기를 대표하는 석학으로, 2005년과 2006년에 차례로 타계했다. 존 K. 갤브레이스는 캐나다 태생의 경제학자로서 루스벨트, 트루먼, 케네디, 존슨, 클린턴 정권에 이르기까지 미국 민주당 정부의 경제정책에 깊숙이 관여했고, 케네디 정부 시절 인도 대사를 지내기도 했다. 그는 문필력도 뛰어나서 케네디 대통령의 연설원고도 여러 번 작성했는데, 그 유명한 "국가가 당신을 위해 무엇을 할 수 있을지 묻지 말고, 당신이 국가를 위해 무엇을 할 수 있을지 생각하라"는 명문장의 주인이기도 하다. 갤브레이스는 20세기 경제학자들 중에서 가장 많은 저서들을 출판했고 또 많이 팔린 저자 중의 한 사람으로 손꼽히는데, 그는 타계하기 2년 전에 쓴 마지막 저서 《경제의 진실(The Economics of Innocent Fraud)》에서 이렇게 결론을 내렸다. "시장체제란 사기다."

그에 따르면, 시장체제란 자본가의 지배력과 노동자의 종속성을 은폐하고 독점과 착취, 자기파괴적인 속성을 감춤으로써 반대자들로부터 체제를 보호하려는 제도라는 것이다. 그는 신상품의 출하와 가격 책정을 좌우하는 것은 소비자가 아니라고 주장했다. 예컨대 인기인들을 등장시킨 광고와 엄청난 비용을 들여 판매를 촉진함으로써 그것들을 필요로 하지 않는 소비자들을 유인하고 결국 그들에게 막대한 비용을 전가한다. 따라서 "소비자는 왕이다" 등의 자본주의 시장경제 체제에서 떠도는 각종 구호들을 내세우고 소비자 주권, 소비자 권력, 시장주권 등과 같은 것들에 토대를 둔 시장체제는 요컨대 범죄는 아니지만 '순진한 사기(innocent fraud)'라는 것이다. 갤브레이스는 50년 전 1958년 《풍요한 사회(The Affluent Society)》에서 과잉소비를 비판하면서 저축과 절약을 강조하는 옛날 지혜(conventional wisdom)로 되돌아가자고 주장했다.

한편 피터 드러커(1909~2005)는 프랑크푸르트 대학에서 법학박사 학위를 취득하고 같은 대학에서 강사를 지냈다. 나치 독일로부터 탈출한 이후의 경력은 무척 다양하다. 기자와 작가를 거쳐 GM과 GE 등의 기업에서 컨설팅 활동을 했고, 조지 마셜(George Marshall, 1880~1959)의 특별고문 자격으로 마셜플랜의 자문을 맡았고, 아이젠하워(Dwight Eisenhower, 1890~1969) 대통령의 교육정책을 자문했다. 여러 대학에서 정치학, 경제학, 경영학 등 사회과학 분야의 교수를 지냈고, 일본 미술을 강의했고, 소설 두 편을 썼으며, "경영학은 인문학이다."라고 주장했다. 말년에는 비영리단체의 활동에 관심을 집중했는데, 스스로를 사회생태학자라고 불렀다.

흔히 드러커를 '현대 경영학의 아버지'라고 하는데, 그런 칭호를 받게 되는 출발점은 그가 경제학에서 경영학으로 전환하여 1954년 《경영의 실제(The Practice of Management)》를 발표하면서부터였다. 이 책에서 드러커는 "우리가 하는 사업이란 무엇인가?"라고 질문한다. 그리고 기업의 목적은 고객창조라고 결론을 내렸다. 드러커는 기업이 꼭 수행해야 할 두 가지 기능은 혁신과 마케팅이라고 주장했으며 "마케팅은 고객이 원하는 가치를 발견하는 활동"이라고 정의했다.

갤브레이스와 드러커는 닮은 점도 많고 다른 점도 많다. 우선 갤브레이스(97세)와 드러커(95세)는 오래 살았다. 늙은 사람이 말이 많은 것은 자기 말의 진실 여부를 확인할 필요가 없기 때문이다. 그런데 갤브레이스와 드러커는 모두 말년까지 영향력을 행사했고, 전자는 클린턴 대통령, 후자는 부시 대통령으로부터 대통령 자유메달상을 받았다. 그리고 둘 다 주주 중심주의와 스톡옵션 등 자본주의 체제의 한계에 대해 걱정했다.

그들의 다른 점은, 갤브레이스는 대표적인 케인지언(Keynesian)으로서 정부의 역할을 말했고, 드러커는 슘페터에 가까운 입장에서 혁신과 기업가 정신을 강조했다. 전자는 좀 더 숭고한 정신의 '소유자들(higher minds)'의 결정이 필요하다고 주장했고, 후자는 지식근로자(knowledge worker) 개인이 스스로 선택하고 역할을 수행하고 또 책임져야 한다고 주장했다. 전자는 시장체제에서 생산과 판매에 권력을 쥔 쪽은 소비자가 아니라 생산자이므로 생산자 권력이 오히려 실체에 부합한다고 주장했으나, 후자는 정보와 지식의 확산으로 권력의 중심은 소비자 쪽으로 이동했다고 주장했다. 갤브레이스는 "어리석지만 큰 무리를 이룬 사람들의 힘을 절대로 얕보지 말라(Never underestimate the power of very stupid people in large groups)"는 말을 했고, 드러커는 "이념이 아니라 과학이 사회를 발전시킨다(Science not ideology improves the society)"고 했다. 요컨대 전자는 산업사회의 문제에, 후자는 지식사회의 기회에 초점을 맞추고 있다.

▍인구 문제

드러커가 《단절의 시대》에서 다루지 못한 한 가지 큰 단절 현상은 인구의 구조와 특성에 관한 변화였다. 특히 인구의 기본적인 특성이 세계의 주요 3대 세력권에서 서로 다른 방향으로 움직이고 있다는 사실은 알지 못했다. 3대 세력권이란 첫째, 일본과 서독을 포함한 선진 공업국, 미국과 서북부 유럽국가들을 포함한다. 둘째, 소련권의 선진공업국들로서 소련, 소련의 위성국가들, 동독, 폴란드, 체코슬로바키아, 헝가리, 불가리아, 루마니아를 포함한다. 세 번째 세력권은 제3세계의 개발도상국들을 말한다.

제2차 대전 직후 자유세계의 선진 공업국들은 베이비붐을 경험했다. 세계 어디서나 가임 여성의 합계 출산율은 급속히 증가했다. 가족의 수는 그 어느 때보다 증가했고 또 그런 현상은 오래 지속되었다.

그 후 상황은 역전되어 모든 나라들에서 '출산율 저하' 현상이 일어났다. 1955년 일본에서 처음 시작되어 1960년경 미국에서 절정을 이루었고, 그 사이에 서유럽에서도 그런 현상이 일어났다. 가임 여성의 합계 출산율은 수년 만에 4분의 1 정도로 급격히 낮아졌고, 그와 동시에 노인 인구의 수는 수직적으로 상승했다. 그 이유는 부분적으로는 그 어느 때보다도 많은 사람들이 은퇴연령에 도달했기 때문이고, 부분적으로는 65세에 이른 사람들의 여명(餘命)이 그 어느 때보다도 더 길어졌기 때문이었다.

이런 상황이 빚어낸 전반적인 영향에 대해 드러커는 그 후 1976년 《보이지 않는 혁명—어떻게 미국에서 연금기금 혁명이 일어났는가?(The Unseen Revolution—How Pension Fund Socialism Came to Ameriaca)》에서 서술하고 있다.

출산율 감소, 노인인구 급증, 기대여명의 증가라는 세 가지 현상은 인류 역사상 전대미문의 사건이었다. 한편 이와 같이 심각한 정도는 아니지만, 제2차 대전 종전 이후부터 1970년까지 25년간 자유세계의 선진국에서는 또 다른 중요한 인구변화가 일어났다. 자유 선진국에서 대도시로 몰려든 많은 사람들은 공업이 발달하지 않은 지역들에서 온 것이다. 미국의 경우 흑인이건 백인이건 시골의 비공업 지대로부터 뉴욕, 디트로이트, 시카고, 로스앤젤레스 등으로 몰려왔다. 유럽에서는 지중해 지역의 국가들인 포르투갈, 스페인, 유고슬라비아, 그리스, 터키, 모로코, 알제리에서부터 엄청난 수의 '외국인 노동자들'이 북쪽의 공업화된 국가로 유입되었다. 선진 공업국가로는 이태리, 스웨덴, 스위스, 벨기에, 독일, 네덜란드 등이며 외국인을 혐오하는 영국으로까지 몰려들었다. 일본에서는 특히 미개발의 가난한 북쪽 지역 농촌으로부터 도쿄와 오사카를 잇는 공업지역으로 엄청난 인구가 이동했다.

이 거창한 인구이동 물결은 베이비붐과 마찬가지로 단기적인 현상이었다. 1970년대 초 선진국에서 출산율 저하가 보편적인 현상이 될 무렵 인구 대이동은 멈추었다. 부분적인 이유는 보충할 유휴 노동력의 여유가 없었기 때문이었다. 특히 일본의 농촌에서는 더 이상 실업인구가 발생하지 않았다.

1946년 제2차 대전 직후 토지를 경작하는 일본 인구는 거의 60퍼센트였지만 지금은 8퍼센트로 떨어졌으며, 그것도 노령의 여자들뿐이다. 미국도 마찬가지로, 가난한 소작농 판잣집을 탈출하여 도시로 나아가는 현상은 끝났다. 오늘날 소작농 판잣집은 비어 있고 노동은 사람이 아니라 트랙터가 대신하고 있다. 지중해 국가들은 지금도 잠재적 실업인구와 완전 실업인구가 여전히 많지만, 서부 및 북부 유럽은 더 이상 그들을 받아들일 여유가 없다. 서부 및 북부 유럽에서 외국인 노동자의 수는 이제부터 감소할 것이고, 사회적으로나 문화적으로나 외국인 노동자들은 더 이상 정착하지 못할 것이다.

1976년 당시의 드러커는 젊은 사람들은 장기간의 정규교육을 받게 되므로, 육체 작업이 아닌 '지식 작업'에 적합한 노동력을 갖추게 될 것이라고 예상했다. 이에 따라 전통적 분류방식의 노동력, 즉 육체노동력(특히 수공업)은 향후 25년간 매우 부족할 것이라고 전망한 바 있다.

노인인구는 급속히 증가했다. 그 속도가 얼마나 빠른지 아는 사람은 많지 않은 것 같다. 1935년 미국이 처음으로 전국적으로 사회보장제도를 실시할 무렵 65세 이상 인구 1명당 미국의 노동인구는 9명이었다. 1980년의 통계수치로 볼 때 미국 노동력이 전례 없이 폭발적인 수준으로 증가한 상황에서도, 65세 이상 인구 1명당 미국의 노동인구는 3명에 지나지 않는다. 그리고 1985년이 되면 1명당 2.5명이 될

것이라는 예상을 했다. 이것이 암시하는 것은 노인 인구의 부양 문제
는 차츰 선진국의 첫 번째 관심사가 될 것이라는 점이다.

당시 드러커는 은퇴연령을 연장함으로써 이 문제를 어느 정도 완화
할 수 있을 것이라고 판단했다. 그 무렵 미국에서는 정년 연장을 위
한 입법을 이미 준비했는데, 그 이유는 두 가지다. 하나는 경제적 이
유이고, 다른 하나는 육체적으로나 정신적으로 일을 할 수 있는 사람
에게 단지 나이 제한 때문에 일을 못하도록 규정하는 것은 비인간적
이고 잔인한 처사라는 점이다.

이미 많은, 그리고 앞으로는 더욱 많아질 노인 인구는 은퇴하기를
싫어한다. 대체로 은퇴를 두려워하는 지식근로자에게 그것은 각별한
진실이다. 그 반면 지루하고도 고된 노동을 오래 한 육체근로자는 은
퇴를 고대할 것이다. 하지만 은퇴시기를 연장하는 것은 상황을 다소
호전시킬 뿐 결코 문제의 해결은 아니다.

▌연금기금의 역할

그 당시 드러커는 인구 문제에 대해 미국이 제시한 해결책은 모든 선
진국에게도 엄청난 사회 변화를 야기할 것이라고 보았다. 그것은 종
업원들이 연금기금(pension fund)을 통해 회사의 주인이 된다는 것을
의미한다. 미국에서는 이런 사태가 확실히 진행되었는데, 기업의 종
업원 연금기금은 말할 것 없고 병원, 대학, 지방자치 단체와 같은 공
공기관의 연금기금은 1970년대에 이미 미국의 대기업 및 중소기업의
자본금의 3분의 1 또는 그 이상을 소유하고 있으며, 1980년대 중반에
는 미국 기업의 자본금의 과반수를 확고히 소유한다고 진단했다.

유럽에서도 형식은 조금 다르지만 같은 사태가 진행되었다. 하나 또는 소수의 대규모 연금기금들이 기존의 법률 또는 새로운 법률에 따라 차츰 회사의 소유주가 되고 있다. 일본의 경우에도 종업원 소유권이 보편화되는 정도는 아니지만 같은 일이 벌어졌다. 말하자면 기업은 종업원을 위해 운영된다는 것, 그리고 퇴직 종업원을 배려해야 한다는 것을 암시하는 종신 고용제도를 실시한 것이다. 이런 것들은 엄청난 충격을 동반하는 근본적인 구조 변화다.

▌국가간 생산분업

개발도상국의 기본적인 문제는 엄청난 수의 청년기 성인인구에게 일자리를 제공하는 것이다. 그런 일은 1950년대와 1960년대에 태어난 아이들의 유아기 사망률이 그 이전 세대들에 비해 높지 않았기 때문에 일어난 현상이다.

동시에 이런 나라들은 비록 자본이 있다 한들 일부분의 노동력을 제외한, 남아도는 노동력을 흡수하기에 충분한 국내시장을 거의 갖고 있지 않다. 그 중에서 브라질은 예외가 될 수 있고, 인도 또한 한계는 있지만 또 다른 예외가 될 수도 있다. 그러나 다른 개발도상국들은 이 엄청난 새로운 노동력이 생산해낼 재화와 용역을 흡수할 수 있는 국내시장을 보유하지 못했다. 비록 그들이 가장 비효율적으로 생산을 하고 또 겨우 몸과 마음을 지탱할 정도의 낮은 급료를 받는다 해도 말이다. 그런 나라의 유일한 희망은 수출품 생산 영역에서 일자리를 창출하는 것이다. 그것은 재화와 용역을 구입할 수 있는 선진국 시장을 위한 생산을 의미한다.

선진국은 1980년대 초반부터 35세 이상의 여성 노동력이 유일한 조달 가능한 노동력이었고, 그것도 파트타임 업무 정도였다. 다른 노동력이라면 오늘날 기준으로 은퇴연령이라고 할 나이를 넘겨서도 일하고 있는 노인인구뿐일 것이다. 그렇지 않으면 육체노동을 위한 노동력과 미숙련의 사무직에 대한 노동의 공급은 충분하지 않을 것이다. 거리 청소와 쓰레기 수거, 병상의 변기를 치우는 일, 환자들에게 음식을 제공하는 일, 그 외에 많은 잔손 업무는 국내에서 해결할 일이지 해외로 넘길 일이 아니다. 고도로 노동집약적인 제조업은 노동력이 풍부한 개발도상국 지역으로 차츰 이전하지 않을 수 없을 것이다. 이러한 당시의 전망은 현실로 나타났다.

사실 1970년대 가장 의미 있는 경제적 사건은 석유 위기나 불경기가 아니라 급속한 '생산 분업(production sharing)' 일지도 모른다. 그 과정을 예를 들어 설명하면, 미국의 반도체 칩 제조업자는 자신의 제품을 홍콩이나 싱가포르에 수출하고, 홍콩이나 싱가포르의 제조업자는 인도에서 만든 강철 케이스에 반도체 칩을 담아서 일본에 수출한다. 그러면 일본의 제조업체는 그것과 다른 부품들을 조립하여 한손에 들어오는 전자계산기를 만들어 자사의 상표를 부착하여 전 세계로 수출하는데, 그 가운데 5분의 1 또는 4분의 1이 미국에 수출된다. 미국은 그 전자계산기를 '일본 수입품' 으로 간주한다.

이런 식의 생산 분업은 어떠한 전통적인 수출입 이론과도 다르다. 전자계산기는 도대체 수입인가 수출인가? 그것은 미국으로 들어온 수입품인가? 아니면 미국이 만든 반도체가 세계시장으로 출하한 수출품인가? 이런 새로운 사태발전에 대해 접근한 경제이론이나 경제

정책은 거의 없다. 드러커는 이 현상이 10년 또는 20년 이내의 세계 경제에 가장 중요한 문제가 될 것이라고 봤다.

결론적으로, 인구구조의 변화와 인구이동은 새로운 주요한 문제를 야기함과 동시에 기회도 제공한다는 것이다.

▐ 단절의 시대에서 기회의 시대로

1969년경에는 미래를 어둡게 예측하는 책들이 많았는데 《단절의 시대》는 시선이 달랐다. 분명히 이 책은 낙관적인 내용만 담고 있지는 않지만 어느 정도 희망을 포함하고 있다. 또한 심각한 문제들이 있음을 확인하고 그에 대해 논의하고 있다. 무엇보다도 이 책은 그런 문제들을 새로운 사고로 접근할 기회로, 신선한 정책수립을 위한 기회로, 정치철학과 정치활동에 큰 활력을 불러일으킬 기회로, 교육철학과 교육활동을 새롭게 할 기회로, 경제철학과 경제활동에 에너지를 집결시킬 기회로 인식하고 있다.

《단절의 시대》는 우리가 할 일과 우리가 이룩할 수 있는 성취가 무엇인지 그 기회를 찾으려는 것이다. 특히 교육 받은 젊은이들에게 무엇보다도 '단절의 시대'는 '기회의 시대'가 되어야 하기 때문이다. 드러커는 "미래를 만들기 위해 지금 우리가 해결해야 할 일이 무엇인가?"라고 질문했다. 그리고 나중에 펴낸 《혁신과 기업가 정신》에서 답하기를, 사회를 '기업가적 사회'로 만들어야 한다고 했다.

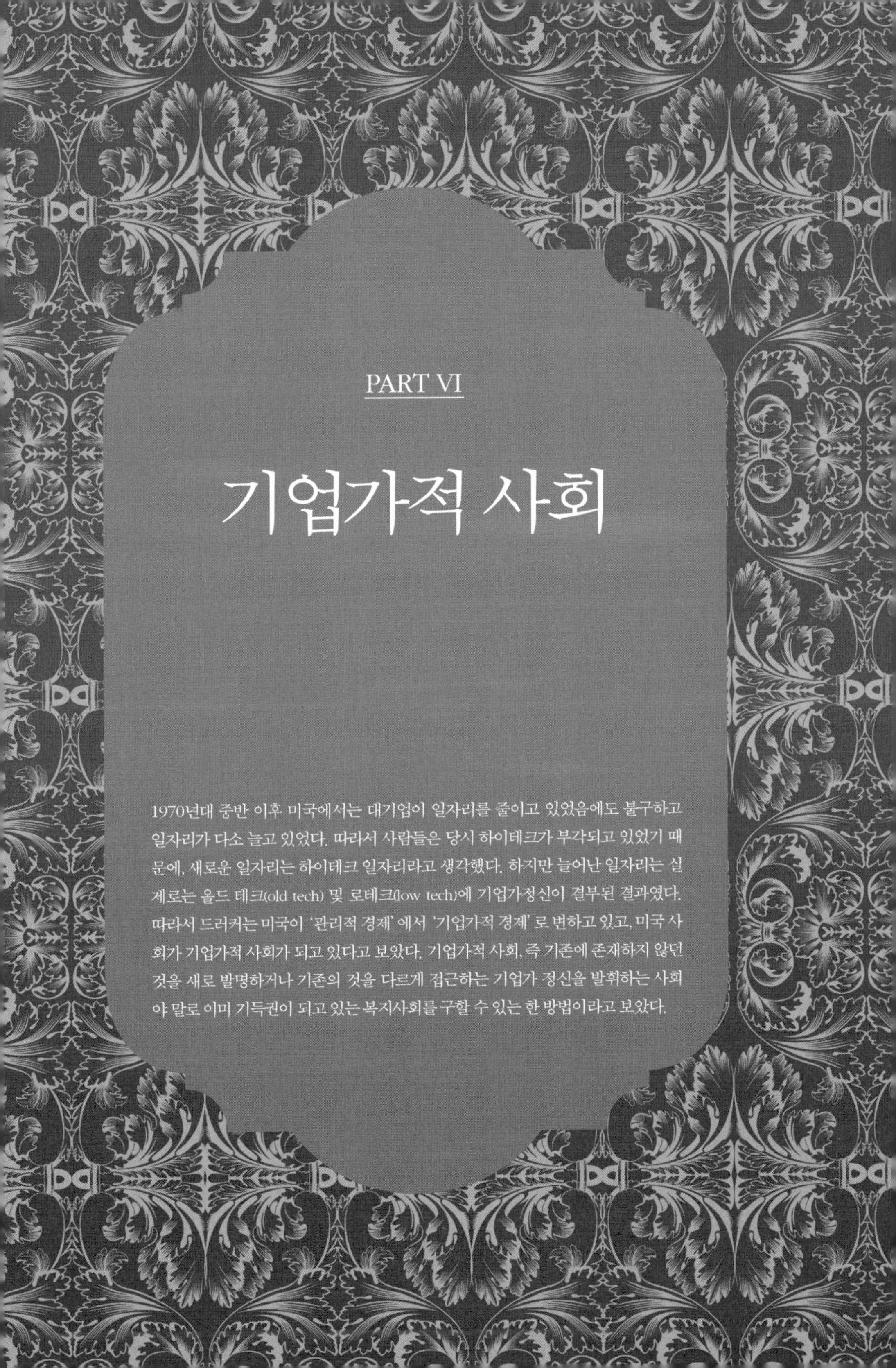

PART VI

기업가적 사회

1970년대 중반 이후 미국에서는 대기업이 일자리를 줄이고 있었음에도 불구하고 일자리가 다소 늘고 있었다. 따라서 사람들은 당시 하이테크가 부각되고 있었기 때문에, 새로운 일자리는 하이테크 일자리라고 생각했다. 하지만 늘어난 일자리는 실제로는 올드 테크(old tech) 및 로테크(low tech)에 기업가정신이 결부된 결과였다. 따라서 드러커는 미국이 '관리적 경제'에서 '기업가적 경제'로 변하고 있고, 미국 사회가 기업가적 사회가 되고 있다고 보았다. 기업가적 사회, 즉 기존에 존재하지 않던 것을 새로 발명하거나 기존의 것을 다르게 접근하는 기업가 정신을 발휘하는 사회야 말로 이미 기득권이 되고 있는 복지사회를 구할 수 있는 한 방법이라고 보았다.

기업가적 경제

▌관리적 경제와 기업가적 경제

1970년대 중반 이후 미국에서는 '성장 없는 경제' 또는 '미국경제의 탈공업화' 또는 장기적 '콘드라티예프(Kondratiev) 경제 정체' 등과 같은 구호들이 널리 퍼졌으며, 그것이 마치 자명한 이치인 양 인용되고 있었다. 하지만 사실과 통계는 그런 구호들을 하나같이 부정했고, 1985년경 미국에서 실제로 일어났던 현상은 전혀 다른 분위기였다.

당시 미국은 '관리적 경제(managerial economy)'로부터 '기업가적 경제(entrepreneurial economy)'로 현저하게 이동하는 중이었다. 관리적 경제는 기존의 제품과 서비스의 원가는 더 낮게 품질은 더 높게 하는 방식으로 기존의 사업을 더 발전시키는 것인 반면, 기업가적 경제는 기존에 없었던 새로운 형태의 제품과 서비스를 제공하거나 기존의 것을 다른 방법으로 제공함으로써 발전시키는 것을 의미한다.

▌콘드라티예프의 장기파동

자본주의 경제는 시장에서의 경쟁적 요인에 의해 본질적으로 생산량, 고용량, 물가 등이 변동성을 갖게 된다. 이에 따라 경기는 일정한 주기를 보이며 호황과 불황을 연출하게 되는데, 이것을 경기변동 또는 경기순환이라고 한다. 자본주의가 확립된 초기에는 경기변동의 원인을 주로 외생변수(전쟁, 천재지변, 신자원 및 신기술 등)에서 찾았으나, 이후에는 경제 내외의 복합요인에 의해 발생되는 것으로 파악하고 있다.

러시아 경제학자 니콜라이 콘드라티예프(Nikolai Dmitrievich Kondratiev, 1892~1938)는 그의 수리경제학 모델에 기초하여 러시아의 집단농업은 급격한 생산 감소를 가져올 것이라 예측했다. 그리고 그 이유로 1930년대 후반 스탈린(Josef V. Stalin, 1879~1953)의 명령에 따라 처형되었다. 나중에 그의 이론은 정확한 것으로 판명되었는데 "50년 간격의 콘드라티예프 주기"는 기술이 내재하고 있는 역학관계에 기초를 두고 있다. 콘드라티예프의 장기파동 주기는 조지프 슘페터가 그의 기념비적 저서 《경기 순환(Business Cycles)》(1939)에 소개하면서 서구에서도 주목받았다.

콘드라티예프는 18세기 말부터 1920년에 이르는 기간 동안 대략 50년을 주기로 하는 장기파동이 2개 반 있었다고 지적했다. 제1차 파동의 상승기는 1780년대 말부터 1817년에 이르는 기간이었으며, 하강기는 1810~1817년부터 1844~1851년에 이르는 기간이었다. 제2차 파동의 상승기는 1844~1851년부터 1870~1875년, 하강기는 1870년~1875년부터 1890~1896년으로 보았다. 제3차 파동의 상승기는 1890~1896년부터 1914~1920년에 이르는 기간으로 분석했다.

이러한 콘드라티예프 파동에 대해서 슘페터는 그 원인을 다음과 같이 분석하고 있다.

제1차 파동의 원인은 해당 시기가 산업혁명의 약진기와 일치하며, 이 시기에 신생 기업의 집단적 출현이 있었고, 이들이 장기적으로 물가를 상승시켰기 때문인 것으로 파악했다. 제2차 파동의 원인은 제철기술의 발달에 힘입은 철강산업의 부흥과 철도수송으로 인한 수송체계의 변혁에서 찾고 있다. 제3차 파동의 원인은 자동차산업, 전력 및 화학공업의 대두를 그 원인으로 분석하고 있다.

콘드라티예프의 시각으로 보면 제3차 파동의 하강기는 1920~1930년으로부터 1944~1954년에 이르는 기간인데, 이 시기는 가장 암울했던 1929년의 대공황 발생기이며 제2차 대전의 시기다. 1953년 한국전쟁의 종결로 세계는 유엔 결성과 함께 이념적 대립의 구도를 취한 냉전의 시기를 열었지만 이후 세계경제는 안정 성장의 길로 들어선다.

따라서 제4차 파동의 상승기는 1954~1960년부터 1970~1980년 사이고, 이 상승기 동안 1970년대 중반 오일쇼크로 인해 세계경제가 위기 국면을 맞기도 했지만 일본 및 독일의 경제가 세계경제를 리드하며 급격한 도약을 이루기도 했다. 제4주기의 하강기는 1980년 이후로부터 2004년까지로 규정할 수 있다.

▌일자리 창출의 새로운 형태

1965년부터 1985년까지 20년 동안 미국의 16세 이상 인구는 40퍼센트가 더 늘어나서 1억 2,900만 명에서 1억 8,000만 명이 되었다. 그러나 같은 기간 중 보수를 받는 근로자 인구수는 50퍼센트, 즉 3,500만 명이나 더 늘어나서 7,100만 명에서 1억 600만 명이 되었다. 이 시기의 후반 10년 동안(1974~1985년) 노동력은 매우 빠르게 증가했는데, 이 기간 중 2,400만 개에 달하는 일자리가 늘어났다. 평화기에 미국이 비율 또는 절대 숫자 면에서 이처럼 많은 새 일자리를 창출한 적은 없었다. 게다가 1973년 가을에 시작된 오일쇼크로 인해 10년 동안 에너지 위기가 계속되고 '굴뚝산업'들은 거의 파멸로 치닫고 있었으며 두 차례의 심각한 경기후퇴를 치렀다는 사실을 감안할 때 놀라운 현상이 아닐 수 없다.

미국의 그런 경제개발 현상은 다른 어느 나라에서도 벌어지지 않았다. 1970~1984년까지 서유럽은 실질적으로 300~400만 개의 일자리가 사라졌다. 1970년만 해도 서유럽의 일자리는 미국보다 2,000만 개나 많았는데 1984년에는 오히려 천만 개가 적었다. 일본도 일자리를 만드는 데는 미국에 훨씬 뒤졌다. 1970~1982년까지 12년간 일본의 일자리 숫자는 10퍼센트 증가에 그쳤는데, 이는 미국의 증가율의 절반에 불과했다.

1970년대와 80년대 전반기까지 계속 일자리를 창출한 미국의 성과는 25년 전 모든 전문가들이 예상했던 것과는 정반대의 결과였다. 미국의 1970년대와 1980년대 전반기를 '제로 성장' 기간으로 보고, 정체기와 쇠퇴기를 맞이한 '미국의 탈공업화' 기간이라고 "모두가 이해하고 있는 이유”는 제2차 대전 이후부터 25년 동안 성장해왔던 분야, 즉 1970년 무렵부터 종말을 맞은 분야에 초점을 맞추었기 때문이다. 그 25년간 미국경제의 역동성은 이미 규모가 크거나 규모가 점점 더 커지는 기관들을 중심으로 형성되고 있었다. 예컨대 《포춘(Fortune)》지가 선정하는 미국의 최고 500대 기업, 연방정부와 주정부 그리고 지방정부, 대형 및 초대형 대학교, 6,000명 이상이나 되는 학생을 가진 연합고등학교, 성장하는 대규모병원 등이 중심이었다. 제2차 대전 이후 25년간 미국경제가 창출한 새로운 일자리는 사실상 이런 대규모 기관들이 제공했다. 그리고 그 기간 동안의 일자리 감소와 실업은 소규모 기관들과 소규모 기업들에서 압도적으로 발생했다.

1960년대 말부터 미국의 일자리 창출과 증가는 새로운 분야로 이동하고 있었다. 과거에 일자리를 창출했던 분야는 지난 20년간 실질적으로 일자리를 줄이고 있었다. 《포춘》 500대 기업의 영구취업자 수(경기후퇴에 따른 일시해고는 제외하고)는 1970년경부터 매년 꾸준히 줄어들었는데, 처음에는 서서히 줄다가 1977년 또는 1978년부터는 상당히 빠른 속도로 감소했다. 1984년이 되자 500대 기업들은 400만~600만 개의 일자리를 영구적으로 축소시켰다.

1980년대 미국 정부 또한 과거 10년 전이나 15년 전에 비해 고용을 점점 더 줄였는데, 그 이유 중의 하나는 1960년대 초부터 시작된 출산율 감소다. 학령인구가 감소됨에 따라 공립학교 교사의 수가 축소되었고 1980년까지 늘어나던 대학교들의 일자리도 줄어들었다. 1980년대 전반기에는 심지어 병원의 일자리도 더 이상 늘어나지 않았다.

따라서 미국은 사실 3,500만 개의 새로운 일자리를 창출한 것이 아니라 4,000만 개 또는 그 이상의 일자리를 창출했는데, 그것은 전통적인 고용기관들이 없애버린 최소한 500만 개의 영구적 일자리를 메워야 했기 때문이다. 그리고 그런 새로운 일자리들은 중소 규모 고용기관들이 제공했다. 그 중소 고용기관의 대부분은 역시 중소 규모의 기업체들이 차지했고, 많은 경우 새로운 형태의 사업이 떠맡았다. 《이코노미스트》지에 따르면, 당시 미국에서는 매년 60만 개나 되는 새로운 사업체가 생겨났는데, 이 숫자는 지난 1950년대 및 1960년대 두 호황기에 비해 약 7배나 된다.

▌하이테크의 실제

이런 현상에 대해 모두가 "그렇지"라고 할 것이고, 그것은 바로 '하이테크' 분야 때문이라고 말할 것이다. 그러나 사실은 그렇게 단순하지 않다. 1965년 이후 미국에서 창출된 4,000만 개의 일자리 중 하이테크 분야가 기여한 몫은 500~600만 개에 지나지 않는다. 따라서 하이테크는 '굴뚝산업'이 잃어버린 일자리를 메우는 정도 이상은 기여하지 못했다. 새로운 사업체 100개당 한 개 또는 두 개 정도(숫자로는 총체적으로 매년 1만 개가량의 사업체)가 '하이테크'와 약간이라도 관련이 있는 것들이다. 그 밖의 일자리들은 다른 분야에서 창출되었다.

이것은 커다란 기술적 변혁기의 초기에 들어선 것으로, 가장 흥분한 '미래학자들'이 이해했던 것보다 훨씬 더 영향력이 큰 것이다. 즉 "메가트렌드(Megatrends, 1984년 존 나이스비트가 출판한 미래예측서 제목)" 또는 "퓨처 쇼크(Future Shock, 1981년 앨빈 토플러가 출판한 미래예측서 제목)"보다도 더 크다고 할 수 있다.

과거 300년간 유지되었던 기술체계는 제2차 대전이 끝나면서 함께 막을 내렸다. 지난 300년 동안 기술의 모델은 기계 모델이었다. 지난 300년간 지배한 기술체계는, 이런 역사적 사실이 아니었다면 이름이 알려지지 않았을 프랑스의 물리학자 드니 파팽(Denis Papin, 1647~1712)이 1680년경 증기기관을 고안하면서 시작되었다. 그런 기술체계는 현대에 들어 별의 내부에서 일어나는 현상인 핵폭발을 재현함으로서 종말을 맞았다. 지난 300년간 기술진보란, 기계적 프로세스가 그러하듯이 더 빠른 속도, 더 높은 온도, 더 높은 압력을 달성하는 것을 의미했다.

제2차 대전이 끝난 후부터 기술의 모델은 생물학 프로세스, 즉 유기체 내부에서 일어나는 현상이었다. 그리고 유기체 내부에서 일어나는 현상은 물리학자가 말하는 '에너지'를 중심으로 조직되지 않는다. 그것은 정보를 중심으로 조직된다.

컴퓨터든 장거리통신이든, 공장의 로봇이든 사무자동화든, 생물유전학이든 생물공학이든 간에 하이테크 기술은 모두 측정할 수 없는 질적인 현상을 중시한다. 하이테크는 흥분을 일으키고 또 신문의 머리기사 거리를 제공하고 있다. 또한 기업가 정신을 가진 사람에게 비전을 불러일으키고 지역사회에 혁신을 유발하며, 관심을 가진 사람들을 끌어들인다. 젊고 고등교육을 받은 사람들이 거대 은행이나 세계적인 전기부품 회사에 들어가려 하기보다 별로 알려지지도 않은 기업을 택하려 하는 것은 분명 '하이테크'의 매력 때문이다. 하이테크 기업에 근무하는 젊은이들 대부분은 기술수준이 단조롭고 평범한 일을 하는데도 말이다. 또한 하이테크는 1960년대 중반까지 거의 존재조차 없었던 벤처자본이 1980년대 중반에는 거의 과잉이 될 정도로 미국 자본시장의 모습을 크게 바꾸어 놓았다.

따라서 하이테크에 대한 관심은, 논리학자의 논법으로 말하면, 어떤 현상의 출현에 대한 설명과 그 존재의 근거(ratio essendi)에 대해서보다는 인식의 근거(ratio cognoscendi), 즉 우리가 왜 그런 현상을 인식하고 또 이해해야 하는지를 밝혀준다.

앞서 말한 바와 같이 양적으로 하이테크 일자리는 상당히 적어서 새로운 일자리들 가운데 8분의 1이 넘지 않는 정도다. 그것은 새로운 일자리를 창출한다는 차원에서는 별 의미가 없는 수치다. 1985~2000년까지 미국경제가 창출할 것으로 예상했던 새로운 일자리 중에서 하이테크 분야가 6분의 1 이상을 차지하기란 거의 불가능한 것이었다. 사실 많은 사람들이 생각하는 것처럼 하이테크가 미국경제에 기업가 부문이었다면 확실히 미국은 '제로 성장' 기간, 즉 '콘드라티예프 장기파동' 의 저점에서 장기간의 정체기(1980~2004)를 맞았을 것이다.

▌기업가 정신이 장기파동을 막다

콘드라티예프가 단언한 바와 같이 50년마다 장기적 기술파동이 정점에 이른다고 보면, 콘드라티예프 주기에서 1960~1980년까지 20년 동안은 구기술의 진보에 힘입었던 기존의 성장산업이 예외적으로 성공한 것으로 보인다. 그러나 실제로 이것은 성장이 멈춘 산업 분야에 더 이상 투입할 필요가 없는 자본을 회수한 결과다. 이런 현상은 절대로 20년 이상은 지속될 수가 없으며, 그 후에는 일반적으로 공황과 같은 현상이 나타나면서 갑작스러운 위기가 닥친다.

경제 침체기는 20년간 진행되는데, 그 기간에는 새롭게 떠오르는 기술이 있다 해도 경제가 활성화할 수 있을 만큼 충분한 일자리를 창출할 수 없다. 이런 일에 대해서는 어느 나라도 어느 정부도 누구도 그 어쩔 수가 없다.

제2차 대전 이후 장기간의 경제성장을 주도해온 산업들인 자동차, 철강, 고무, 전기장치, 가전제품, 전화, 석유산업들은 콘드라티예프 주기와 정확하게 일치하고 있다. 석유산업은 일반적으로 생각하는 것과는 달리 이들 산업 중 첫 번째로 쇠퇴하기 시작했다. 사실 석유산업은 1950년경부터 성장산업이 아니었다. 그때부터 제조업, 수송업, 냉난방 산업에서 추가적 한 단위 산출을 올리기 위해 소요되는 석유의 단위는 감소하고 있었는데 처음에는 그 속도가 완만했으나 1973년부터는 빠르게 진행되었다.

이런 산업들은 기술적인 면에서 19세기의 마지막 25년에 시작되었고, 가장 늦은 것도 제1차 대전 직전에 시작되었다. 이 산업들은 1920년대 이후 기술적으로나 경제적 개념으로나 주요한 변혁을 달성하지 못했다. 제2차 대전 이후 경제성장이 시작되었을 때에는 명백한 성숙산업으로 자리 잡았다. 그리고 비교적 새로운 자본투자 없이도 일자리를 늘리고 창출할 수 있었기 때문에 높은 임금과 복리후생비, 동시에 기록적인 이익을 기록할 수 있었다.

그러나 콘드라티예프가 예측했던 바와 같이, 이런 건강 징후들은 폐결핵 환자의 불그스레한 뺨과 마찬가지로 사람의 눈을 속이는 것들이었다. 이런 산업들은 내부로부터 썩어 들어가고 있었다. 대개의 경우는 정체되지도 않고 서서히 쇠퇴하지도 않았다. 나타난 현상을 보면 1973년과 1979년의 '오일쇼크'가 첫 번째 타격을 가하자 업체들은 곧 붕괴하고 말았다. 기록적인 이익을 내던 산업들이 곧바로 파산 지경에 몰린 것이다. 곧이어 명확한 분석결과가 있었듯이, 이런 산업들은 과거의 고용수준을 회복한다 해도 오랫동안 회복할 수 없었을 것이다.

하이테크 산업 역시 콘드라티예프 이론이 적용된다. 콘드라티예프가 예측한 바와 같이, 하이테크 산업도 한동안은 쇠퇴산업들이 축소시킨 일자리들보다 더 많이 창출할 수는 없었다. 모든 예측기관들은 하이테크 산업이 몇 년간, 적어도 20세기의 남은 해 동안은 발전할 것이라 전망하지 않았다. 예를 들면 (하드웨어 및 소프트웨어의 설계와 기술, 생산, 판매 그리고 서비스를 포함하여) 컴퓨터산업의 폭발적인 성장에도 불구하고 모든 분야의 자료처리 및 정보처리 산업이 만들어내는 일자리는 미국경제가 1980년대 후반기와 1990년대 전반기에 철강 및 자동차산업에서 감소되는 일자리들만큼 많은 양을 창출하지 못할 것이라 전망되었다.

서유럽은 지금까지도 콘드라티예프 이론에 따르고 있는 것이 확실하다. 그러나 콘드라티예프 이론은 미국경제가 실질적으로 4,000만 개의 일자리를 창출할 수 있었던 원인을 설명하지 못하고 있다. 이것은 미국경제에 발생하고 있는 무엇인가가 콘드라티예프의 '장기 기술파동'의 영향을 상쇄했다는 말이며, 장기 경기침체 이론과 양립하지 않는 무엇인가가 나타났다는 뜻이다.

미국경제의 전개과정과 그 방향을 설명하는 이론으로서 콘드라티예프 이론은 증명되지 않았으며 또한 신뢰할 수 없는 것으로 생각된다. "콘드라티예프의 장기불황기"에 해당하는 기간 중에 미국경제가 창출한 4,000만 개의 새로운 일자리는 콘드라티예프 이론으로써 설명할 수가 없다. 미국경제는 지금 새로운 경제, 즉 기업가적 경제로 이동했다.

그렇다 해도 미국경제가 콘드라티예프 주기를 연기시키지 못한 것은 뚜렷한 사실이다. 콘드라티예프 이론은 비록 기존의 이론 중에서 가장 설득력 있는 것은 아니지만 전통적인 '굴뚝산업'의 미래를 예견한 것에 관한 한 의미 있는 이론으로 인정해야 한다. 그런 한편 하이테크 산업이 과거의 성장산업의 침체를 상쇄하지 못한다는 것을 수용할 때 콘드라티예프 이론을 심각하게 재검토하지 않을 수 없다. 새로운 비전을 제공하는 산업으로서, 주도적 역할을 하는 산업으로서 하이테크 산업은 질적으로 매우 중요하지만 양적인 측면에서도 하이테크 산업은 지금보다는 미래에 더 중요한 것이었다. 특히 일자리의 창출자로서는 각별히 그렇다. 하이테크 산업은 오늘을 형성하는 산업이라기보다는 미래를 만드는 산업이기 때문이다.

그렇다면 그 많은 새로운 일자리는 어디에서 왔는가? 그것은 어느 한 곳으로부터 온 것이 아니다. 여러 곳에서 등장한 기업가 정신의 발휘와 그것들이 일궈낸 경영혁신에서 나왔다. 보스턴에서 발간되는 경영지 《잉크(Inc)》는 1982년 5년 이상 15년 미만의 역사를 가진 미국의 공개기업들 가운데 가장 빠르게 성장한 100대 기업 명단을 발표했다. 이 목록은 상장된 사기업에 국한했기 때문에 하이테크 산업에 상당히 유리하게 나타나고 있는데, 이런 기업들은 금융시장에 접근하기가 쉽고 또 주식이 증권거래소에서 거래되기 때문이다. 하지만 "잉크 100대 기업" 가운데 겨우 4분의 1만이 하이테크 분야였고, 나머지 4분의 3은 거의 결정적으로 매년 '로우 테크(low tech)' 기업으로 나타나고 있다.

예를 들면 1982년에는 식당 연쇄점 5개, 여자의류 제조업 2개, 건강 관련기업 20개가 포함된 것에 비해 하이테크 기업체 수는 겨우 20~30개에 불과했다. 그리고 1982년 미국의 신문들은 다투어서 '미국의 탈공업화' 현상에 대해 우려하는 기사를 실었지만, "잉크 100대 기업"의 반 이상이 제조업이었으며, 서비스 관련업은 기껏 3분의 1에 지나지 않았다. 1982년에는 북부 프로스트벨트(Frost Belt) 지역은 쇠퇴하고 있으며 남부 선벨트(Sun Belt) 지역만이 성장 가능한 지역이라는 말들이 나돎에도 불구하고 "잉크 100대 기업" 가운데 3분의 1만이 선벨트 지역에 위치한 기업들이었다. 1983년과 1984년의 "잉크 100대 기업" 목록 또한 산업별 지역별로 매우 유사한 분포를 보여주었다.

1983년에는 '잉크'의 또 다른 선정기업 명단이라 할 수 있는 "잉크 500대 기업"이 발표되었는데, 바로 급성장하는 신규 비공개 기업들이다. 첫 번째와 두 번째로 선정된 기업은 각각 태평양에 면한 서북부의 건설회사(건설경기가 기록적으로 가장 낮은 해로 알려진 바로 그 해에 말이다)와 가정용 건강기구를 제조하는 캘리포니아 회사였다.

벤처자본가들에 대한 조사에서도 동일한 결과를 보여주고 있다. 특히 벤처자본가들의 투자 목록을 보면 일반적으로 하이테크 분야는 미약하다. 가장 성공한 벤처자본가들의 투자 목록을 볼 때 몇 개의 하이테크 기업들이 있기는 했다. 컴퓨터 소프트웨어를 만드는 회사 1

개, 의료기술 분야의 벤처기업 1개, 그리고 다른 몇몇 회사들이 있었으나 이들 투자대상 업체들 가운데 가장 수익성이 높고 1983년 현재 3년간 매출액과 수익성이 가장 빠르게 증가한 새로운 기업은 하이테크와는 가장 거리가 멀고 가장 평범한 이발소 연쇄점이었다. 그 다음은 치과 연쇄점이고, 또 그 다음은 공구제조업과 중소기업에 기계를 대여하는 금융회사가 차지하고 있다.

이런 중규모 성장 기업들은 매출액 및 이익에서 "《포춘》 500대 기업"의 성장률보다 3배나 빠르게 성장했다. 더욱이 "《포춘》 500대 기업"은 1970년 이후 꾸준히 일자리를 줄여나가고 있었다. 이런 중규모 성장기업들은 1970~1983년 사이 미국경제 전체의 일자리 증가속도보다 3배나 빠른 속도로 일자리를 늘렸다. 심지어 미국산업의 일자리가 2퍼센트 가까이 감소했던 1981~82년의 불황기에도 중견 성장 기업 100대 기업들은 일자리를 1퍼센트나 늘렸다. 많은 사람들이 미국경제에서 성장하는 부문은 오직 서비스 분야일 것으로 알고 있으나, 이런 '중규모 성장기업'의 반 이상을 차지하고 있는 기업은 제조업이었다.

더욱 혼란스러운 사실은 지난 1970~1985년 동안 미국경제의 성장 분야는 전적으로 비정부기관으로서, 정상적으로는 기업으로 볼 수 없는 기관들이 상당한 폭으로 증가했다는 사실이다. 게다가 꽤 많은 비영리기관들이 영리를 추구하는 회사처럼 조직되고 있으며 이 중에서 가장 눈에 띄는 것이 건강산업이다. 미국의 전통적인 지역사회 병원들은 심각한 곤경에 빠지는 반면 체인 형태의 병원들은 빠르게 성장하며 이익을 내고 있다. 예컨대 불치병환자를 돌보는 호스피스, 의

료 및 건강진단 연구소, 외과수술센터, 임산부를 위한 시설, '간이'
정신과 진료소, 또는 고령자 진료 및 치료센터 등과 같은 '독립적' 의
료시설 등이다.

미국의 거의 모든 지역에서 공립학교는 쇠퇴하고 있다. 반면 1960
년대의 출산율 격감으로 인해 학령기 아동의 전체 숫자가 줄어드는
상황에도 새로운 형태의 비영리 사립학교는 번창하게 되었다.

기업가 정신이 발휘되고 있는 또 하나의 중요한 분야는, 주정부든
시정부든 간에 정부 부문이 성과기준을 설정하고 사적 부문에 자금
을 제공하여 운영하는 공사(公私) 파트너십 형태의 '제4부문'이다. 이
제4부문은 소방, 쓰레기 수거, 버스운송 등의 서비스를 경쟁입찰로
사기업에 위탁함으로써 더 나은 서비스와 실질적인 원가절감을 확보
하는 것이다. 만약 장기적 관점에서 우편서비스를 구제할 어떤 방법
이 찾는다면, 입찰을 통해 제1종 우편서비스를 '제4부문'에다 하청
을 주는 방법일 것이다.

이런 성장기업들은 성장하고 있다는 점과 콘드라티예프 불황을 거
부하고 있다는 점 이외에 다른 어떤 공통점이 있는가? 사실 거기에는
'새로운 기술'과 관련된 모든 사례들이 포함되어 있고, 지식을 인간
의 일에 적용하는 새로운 방법들이 포함되어 있다. '기술'이란 오직
전기전자공학, 유전학 또는 새로운 소재의 발견만이 아니다. 기업가
정신에 의한 경영, 즉 기업가적 경영도 '새로운 기술'이다.

▌첨단기술 기업과 에디슨의 실패가 주는 교훈

실리콘 밸리의 하이테크 기업가들은 한동안 19세기 방식으로 사업을

운영했다. 그들은 벤저민 프랭클린(Benjamin Franklin, 1706~1790)의 금언, 즉 "만약 당신이 더 좋은 쥐덫을 발명한다면, 온 세상 사람들이 당신의 가게로 달려올 것이다"라는 말을 믿고 있었다. 실리콘 밸리의 기업가들은 어떻게 해야 '더 좋은' 쥐덫을 만들고, 누구를 위해 만들어야 하는가 등의 질문은 할 필요가 없다는 말인가?

물론 기업가 정신을 잘 발휘하고 경영혁신을 제대로 해낸 하이테크 회사도 상당수 있다. 그 점은 19세기에도 마찬가지였다. 그 하나가 독일인 베르너 지멘스(Werner Siemens, 1816~1892)로서 그는 자신의 이름을 딴 회사를 설립했다. 미국에는 조지 웨스팅하우스(George Westinghouse, 1846~1914)가 있었는데, 그는 위대한 발명가인 동시에 위대한 창업자로서 아직도 자신의 이름을 사용하는 두 개의 회사를 남겼다.

'하이테크' 기업가로서 가장 대표적인 사람은 토머스 에디슨(Thomas Alva Edison, 1847~1930)이다. 에디슨은 19세기에 가장 성공한 발명가로서, 발명활동을 오늘날 우리가 연구활동이라고 말하는 하나의 원칙으로 전환한 사람이다. 그러나 그가 원했던 것은 기업의 창립자가 되어 큰 부자가 되는 것이었다. 그 결과 에디슨은 자신이 세운 여러 기업들의 경영에서 실패했고, 그 중 하나라도 살리려면 스스로 모든 기업에서 손을 떼어야 했다. 대부분의 하이테크 기업이 다 그런 것은 아니지만, 많은 하이테크 기업들은 여전히 에디슨처럼 경영하거나 더 잘못하고 있다.

이것은 하이테크 기업들이 커다란 흥분 속에 출발하여 급속히 팽창하고 갑자기 흔들리다가 문을 닫는 전통적인 유형을 따르는 이유, 즉

"거지 신세에서 거부로, 그리고는 또 다시 거지 신세로 전락하는 데 5 년 밖에 걸리지 않는 이유"를 설명해 준다. 대부분의 실리콘밸리 기업들을 비롯한 새로운 생명공학 하이테크 기업들 역시 혁신가라기보다는 발명가이며, 또한 기업가라기보다는 투기자이다. 그리고 이것은 어쩌면 하이테크 산업이 콘드라티예프의 예언과 일치하는 이유를, 그리고 충분한 일자리를 마련하지 못하는 이유를 설명해 주는지도 모른다.

하이테크와는 달리, 로우테크는 체계적이고 목적 지향적이고 합리적으로 경영되는 기업가 정신에 의해 일자리 창출을 해내고 있다. 현대 경제학자 중에서 조지프 슘페터만이 기업가와 기업가가 경제에 미치는 영향에 대해 관심을 기울였다. 모든 경제학자들은 기업가가 중요하고 또 영향력을 가지고 있다는 점을 알고 있다. 그러나 경제학자의 입장에서 기업가 정신이란, 그 자체로써 경제를 구성하는 요소는 아니지만 경제에 심각하게 영향을 끼치고 경제의 모습을 결정짓는 '경제 외생요소(meta-economic event)' 다.

경제학자들은 19세기 후반에 일어났으며 오늘날 다시 일어나고 있는 듯한, 그것도 한 국가 또는 특정 문화권에만 나타나는 기업가 정신의 등장 이유에 대해 아무런 설명을 하지 않는다. 하지만 기업가 정신이 효과적인 원인을 밝히는 것 자체는 경제학적 과제가 아닐 것이다. 기업가 정신이 효과 있는 이유는 가치관과 지각(知覺)과 태도의 변화 때문일 것이고, 또한 인구구조와 (1870년경의 독일과 미국에서 기업가 은행의 창설과 같은) 사회제도와 교육의 변화 때문일 것이다.

이처럼 기업가적 경제의 출현은 그것이 경제적 사건 또는 기술적 사건이면서 문화적 사건이자 심리학적 사건이기도 하다. 그러나 출현의 배경이 무엇이든 간에 그 효과는 무엇보다도 경제적인 것이다. 그리고 태도, 가치관의 변화, 무엇보다도 행동의 변화를 초래한 수단역시 하나의 '기술' 이다. 그것이 바로 경영학 또는 경영(management)이라고 불리는 기술이다.

미국에서 기업가적 경제의 출현이 가능했던 것은 경영을 새롭게 적용했기 때문이다. 구체적으로 지적한다면 다음과 같다.

첫째, 미국은 경영이라는 기술을 영리추구와 관계없이 새로운 사업에도 적용했다. 지금까지 경영은 오직 사업에만 적용하는 것이라 간주했던 사람들의 인식을 깬 것이다.

둘째, 소규모 사업에도 적용했다. 사람들은 몇 년 전까지만 해도 경영이란 '대규모 사업' 에 대해서만 적용하는 것이라 확신했다.

셋째, 비기업사업(non businesses, 건강관리 조직, 교육 기관, 기타 영리조직이 아닌 사업)에도 적용했다. 대부분의 사람들은 '경영' 이라는 단어를 듣기만 하면 당연히 '기업' 이라는 말로 연결시켰다.

넷째, 전혀 '사업' 이라고 할 수 없었던 경영활동, 예컨대 음식점과헬스클럽 같은 것에도 적용했다.

다섯째, 무엇보다도 체계적인 경영혁신에 적용했다. 인간이 바라는 것과 필요로 하는 것을 만족시키기 위해 새로운 기회를 찾고 또 활용하는 데 적용했던 것이다.

chapter 12

기업가적 사회

▌사회적 기술로서의 경영

경영은 '실용적 지식'으로서의 기술이라고 할 수 있는 전자공학, 고체물리학, 유전학, 면역 등의 지식 분야와 동일한 학문적 역사를 갖고 있다. 경영의 시작점은 제1차 대전 무렵으로 거슬러 올라가며, 1920년대 중반에 초기적인 급성장을 이루었다.

그러나 경영학은 공학이나 의학과 마찬가지로 '실용적 지식'이고, 그런 점에서 하나의 원리가 이루어지기 전에는 하나의 실천으로써 개발되지 않을 수 없었다. 1930년 말 미국에서는 '경영'을 실천하는 몇몇 주요 사업체들이 등장했는데, 듀폰(DuPont)과 그 자매회사인 GM, 그리고 대규모 소매회사인 시어즈 로벅(Sears Roebuck) 등이 그 예다. 대서양 저편에는 독일의 지멘스, 영국의 백화점 체인인 마크스 앤 스펜서(Marks & Spencer)가 등장했다.

이론으로서의 경영학이 체계를 갖춘 것은 제2차 대전 기간과 그 직후로, 1955년 이후부터는 선진국 전체가 '경영학 붐'을 경험했다. 우리가 경영이라고 부르는 사회적 기술과 경영학은 그 효과를 확신하는 몇몇 사람들만의 시행착오적 실천에 그치지 않고 하나의 이론으로 급속히 발전한 것이다. 그리고 그 이후부터 경영학은 당시의 다른 어떤 '과학적 혁신' 못지않은, 어쩌면 훨씬 더 많은 영향을 사회에 끼쳤다.

물론 제2차 대전 이후 모든 선진국들이 조직사회가 된 것이 오직 경영학 때문이라고 할 수는 없을 것이다. 오늘날 모든 선진국의 대다수 사람들 그리고 교육받은 사람들의 대부분은 고용인이라기보다는 피고용인이고, '전문 경영자'가 되거나 조직의 종업원으로서 일하는 것 역시 경영학 때문이었다고 말할 수는 없다. 그러나 분명한 것은, 경영학이 체계적인 이론으로 모습을 갖추지 않았으면 우리는 지금 모든 선진국에서 사회적 현실이 되어버린 '조직의 사회'와 '종업원 사회'를 만들 수 없었을 것이다.

얼마 전까지만 해도 대기업의 경영진조차 자신들이 실천하고 있는 것이 '경영'이라는 사실을 깨닫지 못했다. 그러나 현재는 경영학의 기본에 대해 비교적 잘 알려져 있다. 이처럼 경영이란 50년 전까지만 해도 은밀한 비법과 같았지만 현재는 일반 상식이 되었다.

경영이란 대체로 기업에 국한된 것이며 기업 내에 관한 것, 특히 '대기업'에만 관련된 것으로 인식되어 왔다. 1970년대 초 미국경영학협회(American Management Association)가 소규모 기업체 사장들을 '최고경영자 과정'에 초대한 적이 있는데, 이때 그들은 "경영학? 우리에겐 필요 없어. 그런 건 대기업에게나 필요한 것이지."이라고 말했다.

현실적으로도 1970년 또는 1975까지 미국의 병원관리자들은 '경영'이라는 명칭이 붙은 것이라면 무조건 거부했다. 그들은 "우리들은 병원을 관리하는 사람들이지 사업을 하는 사람이 아니다."라고 말했다. 제2차 대전 이후부터 1970년까지 오랫동안 '발전'이란 것은 대규모 조직을 만드는 것을 의미했던 것이다.

1930년대 이후 거의 50년 동안 미국이나 서유럽 사람들은 몸이 많이 아프거나 조금 아프거나 종합병원으로 가는게 가장 좋은 방법이라고 생각했다. 또 일반적으로 환자가 병원에 도착하는 시간이 빠르면 빠를수록 그들을 더 잘 돌봐줄 수 있다는 생각은 의사와 환자 모두 공통적인 생각이었다. 지난 1970~1985년에 이런 관념은 완전히 바뀌었다. 사실 1985년경의 미국은 '탈산업화'로 나아가기보다는 차라리 '탈조직화'로 나아가는 추세에 있었는지도 모른다. 결국 환자가 가능한 한 병원에 입원하지 않는 것, 그리고 더 빨리 퇴원시키는 것이 더 좋은 것이라고 믿게 되었다. 이런 반전 현상은 분명 의학이나 경영학과 아무런 관계가 없다.

그것은 1920년대와 1930년대 시작하여 1960년대 케네디와 존슨 대통령 시절에 절정을 이루었던 중앙집중식에 대한 반작용, 즉 '정부 계획'이나 '정부에 대한 숭배현상'을 거부하는 현상이었다. 요컨대 경영이란 '규모가 크게 경영되는 조직'보다는 규모가 작은 기업가적 조직에 더 필요하며 더 큰 영향을 발휘할 수도 있음을 배운 것이다. 무엇보다도 경영이란, 기존에 지속적으로 '관리되고 있는' 기업에 대한 것만큼이나 새로운 기업가적 기관에도 공헌해야 한다.

햄버거 가게는 19세기부터 미국 전역에 존재했고 제2차 대전 후에는 대도시의 골목마다 등장했다. 그러나 지난 시대 성공 스토리 가운데 하나인 맥도날드 체인은 언제나 시행착오만 겪었던, 소규모 가게에 경영을 적용한 결과다. 맥도날드는 처음에는 최종 제품을 표준화했고, 그 다음에는 고기 한 조각, 양파 한 조각, 모든 빵, 감자 한 조각마저 모두 똑같도록 하고, 주어진 시간에 완전히 자동 공정으로 만들기 위해 조리기구를 다시 디자인하고 다시 만들었다. 마지막으로 맥도날드는 고객에게 줄 '가치'란 과연 무엇인가를 연구했고, 그 결과 제품의 품질과 예측가능성, 서비스 시간, 절대 청결, 친절이라고 규정했으며, 이런 모든 것에 대해 표준을 설정하고는 체인점을 교육시킨 후 결과에 따라 체인점을 평가하고 보상했다.

이런 모든 것이 경영이며, 그것도 상당히 진보된 경영이다. 이것은 어떤 구체적인 새로운 과학이나 발명은 아니지만 미국 경제를 기업가적 경제로 만드는 새로운 기술이다. 경영은 또한 미국을 기업가적 사회로 이끌었다. 사실 미국이나 다른 선진국은 기업과 경제 분야에서의 혁신보다는 교육, 건강관리, 정부, 정치에서의 사회적 혁신을 더 필요로 하는지도 모른다. 그리고 거듭 말하거니와 우리가 절실히 필요로 하는 사회적 기업가 정신은 무엇보다도 경영의 기본 개념과 기본 기술을 새로운 문제와 새로운 기회에다 적용할 것을 요청하고 있다.

▌각각의 세대를 위한 새로운 혁명

"어느 세대나 그 세대를 위한 새로운 혁명을 필요로 한다."라는 말은 토머스 제퍼슨이 자신의 긴 생애를 마감할 무렵에 내린 결론이었다. 같은 시대, 괴테(Johann Wolfgang von Goethe, 1749~1832) 또한 극단적인 보수주의자였지만 만년에 쓴 시에서 그와 비슷한 심정을 토로했다. "한때는 그다지도 합리적이었던 것이 이제는 무의미해지고, 은혜는 재앙의 씨앗이 될지니." 그의 시를 한자 경구로 표현한다면 '해생어은(害生於恩)'과 같다고 할 수 있다.

제퍼슨과 괴테는 계몽주의와 프랑스혁명의 유산에 대해 그들 세대가 품고 있는 환멸을 이렇게 표현한 것이다. 두 사람은 당시의 그 위대한 빛나는 약속, 즉 19세기 말 독일 제국에서 가난한 사람들과 장애인들을 위해 처음 시도된 복지국가(the Welfare State)가 150년 후 우리 세대의 유산비용(legacy cost)이 된 사실을 대신 표현해 주고 있다.

지금 복지국가는 원래의 취지를 상실하고 '모든 사람을 위한 기득권'이 되었고, 직접 생산활동을 담당하는 사람들에게 점점 더 큰 부담을 주고 있다. 조직, 제도, 정책은 제품, 프로세스, 서비스와 마찬가지로 궁극적으로 자신들의 역할을 다하고도 언제나 더 오래 살아남는 법이다. 그것들은 제 목적을 성취한 때에도 그렇지만, 목적달성에 실패했을지라도 마찬가지다.

일단 메커니즘이 형성되면 계속 진행되는 경향이 있다. 그런 메커니즘들을 설계할 때 바탕이 되었던 전제들은 이미 그 타당성을 잃어버렸는데도 말이다. 예를 들면 지난 100여 년 동안 모든 선진국에서 의료보호 제도와 연금제도를 설계할 때 사용했던 인구통계 특성에 관한 전제가 그렇다(당시는 기대여명과 노인인구 비율이 지금처럼 높지 않았다). 그 결과 합리성은 아예 무의미한 것이 되고 "은혜는 재앙의 씨앗"이 되는 것이다.

▮ 혁명 대신 기업가 정신

우리가 제퍼슨 시대 이후 배웠던 것처럼 '혁명'은 해결책이 아니다. 혁명은 예측할 수도 없고 방향을 잡을 수도 없으며 통제할 수도 없다. 혁명은 그릇된 인간들에게 권력을 안겨준다. 무엇보다도 나쁜 일은, 혁명의 결과는 틀림없이 혁명을 일으킨 사람들이 내세운 공약과 정반대로 나타난다는 점이다.

1826년 제퍼슨이 사망한 지 불과 몇 년 뒤, 알렉시스 드 토크빌(Alexis de Tocqeville, 1805~1859)은 혁명은 구체제의 감옥을 철폐하지 않으며 오히려 그것들의 수를 증가시킨다고 지적했다. 토크빌이 증명한 바와 같이, 프랑스혁명이 남긴 가장 끈질긴 유산은 프랑스혁명 이전 시대의 족쇄를 강화한 것이었다. 온 나라를 통제되지 않은, 그리고 통제할 수 없는 관료제도 아래 종속시켰고, 정치·교양·예술·경제 분야의 모든 생활을 파리로 집중시켰다.

러시아혁명이 초래한 주요 결과는 토지 경작자를 위한 새로운 농노제, 비밀경찰, 그리고 융통성 없고 부패한 숨 막히는 관료제도였다. 그것은 러시아의 자유주의자들 그리고 혁명가들이 가장 목청 높여 비난하고 가장 큰 타당성으로써 공격했던 제정 러시아 정부의 특징 그 자체였다.

지금 우리는 '혁명'은 환상이라는 것, 그 환상이 19세기에 널리 퍼졌다는 사실을 알고 있고 그것이 오늘날에는 가장 믿을 수 없는 신화라는 사실을 알고 있다. 혁명은 오래된 부패에서, 아이디어와 조직의 파탄에서, 그리고 자기혁신에 실패한 결과로부터 나온다. 또한 우리는 모든 이론과 가치를 비롯한 인간의 마음과 손이 만들어낸 모든 가공품은 늙고 경직되며 진부해져서 결국 "재앙의 씨앗"이 된다는 것도 알고 있다.

따라서 혁신과 기업가 정신은 경제에서 필요한 것만큼 사회에서도 필요하고, 기업에서 필요한 것만큼 공공 서비스기관에도 필요하다. 혁신과 기업가 정신은 동시에 존재하는 것이 아니라 '뿌리와 가지' 처럼 '한 번에 한 걸음씩' 추진하는 것, 즉 상황에 따라 제품과 정책과 공공 서비스 등이 바뀌어 추진되어야 하는 것이다. 혁신과 기업가 정신은 사전에 계획되는 것이 아니라 이런저런 기회와 욕구에 초점을 맞추는 것이다. 혁신과 기업가 정신은 잠정적이다. 그것들이 기대한 결과를 산출하지 못하면 사라질 것이기 때문이다. 달리 말하면, 혁신과 기업가 정신은 무조건 따라야 하는 원리적인 것이라기보다는 실용적인 것이고, 거창한 것이라기보다는 간단한 것이다.

따라서 혁신과 기업가 정신은 사회, 경제, 산업, 공공 서비스, 기업 등을 유연하게 만들고 자기혁신을 하도록 돕는다. 혁신과 기업가 정신은 제퍼슨이 각각의 세대가 혁명을 통하여 달성하고자 바랐던 것을 실현해 줄뿐만 아니라 유혈사태, 내전, 강제수용소도 필요 없이, 그리고 경제적 파국을 일으키지 않고도 목적과 방향을 가지고, 통제 범위를 벗어나지 않으면서 각각의 세대가 달성하고자 하는 것을 실현하게 한다.

우리가 필요로 하는 것은 혁신과 기업가 정신이 정상적으로 확고하게, 지속적으로 유지되는 기업가적 사회(entrepreneurial society)이다. 마치 경영이 모든 현대 조직 특유의 기관이자 우리의 조직사회를 통합시키는 기관이 된 것과 마찬가지로, 혁신과 기업가 정신은 우리의 조직, 경제, 사회가 살아남도록 하는 필수적인 생명유지 활동이 되지 않을 수 없다. 이것은 모든 조직의 경영자들에게 업무와 조직의 직무수행에서 혁신과 기업가 정신을 정상적이고 지속적이며 일상적인 실천사항으로 만들 것을 요구한다.

▌첨단기술은 기업가 정신의 일부분

첨단기술은 중요하지만 혁신과 기업가 정신이라는 차원에서는 한 분야에 불과하다. 혁신을 추구할 수 있는 수많은 분야는 첨단기술과 관계없는 것도 많기 때문이다. 또한 첨단기술에 관한 정책은 곧 첨단기술 발전의 정치적 장애물로 훼방이 되기도 한다. 일자리 창출이라는 점에서 첨단기술은 오늘날의 일자리보다는 내일의 일자리를 만든다. 1970~1985년 사이 미국의 첨단기술은 '굴뚝산업'에서 잃어버린 약 500~600만 개의 일자리를 메우지 못했다.

그 기간 동안 미국경제가 추가로 창출한 대략 3,500만 개의 일자리는 새로운 벤처기업들이 만든 것은 사실이지만, 그것은 첨단기술이 아니라 '중간기술(middle tech)' 또는 '저급기술(low tech)'과 '오래된 기술(no tech)'에 기반을 둔 기업들이었다.

무엇보다도 '첨단기술 기업가 정신'이 중간기술, 저급기술, 오래된 기술을 기초로 하는 기업가적 경제 속에 폭넓게 자리 잡지 않고서 단독적으로 존재한다면 그것은, 산이 없는 산꼭대기일 뿐이다. 그런 경우에는 첨단기술 인력마저도 새로운 첨단 벤처기업에 흥미를 갖기보다는 규모가 크고 안정된 회사나 정부기관의 안전한 일자리를 더 선호할 것이다. 그런 경우 유통업자는 첨단기술 제품을 취급하려 하지 않을 것이고 투자자 역시 자금을 제공하지 않게 된다.

물론 혁신적인 벤처기업들 역시 첨단기술 기업들이 필요로 하는 자금을 공급받을 필요가 있다. 지식에 기초한 혁신(knowledge-based innovation), 그리고 특히 첨단기술 혁신은 투자와 수익 사이의 회임기간이 길다. 세계 컴퓨터산업이 1970년대 후반까지 손익분기점에 이르지 못했다는 사실은 그 산업이 30년간 적자를 냈다는 것을 뜻한다. 그 이후에도 한동안 마이크로컴퓨터와 개인용 컴퓨터 산업에서 역사가 그대로 되풀이되었다. 이 산업이 전 세계적으로 흑자를 기록하기까지는 많은 세월이 필요했다. 그리고 바이오기술에서도 같은 일이 벌어졌다. 이것은 1880년대의 전기기구산업, 또는 1900~1910년에 시작한 자동차산업의 패턴이기도 했다. 그리고 그 긴 회임기간 동안 비첨단 벤처기업들은 첨단기술 기업들의 적자를 메우고 또 필요한 자본을 공급하기 위해 이익을 올려야만 했다.

첨단기술은 비유적으로 말하면 첨단의 칼날이지만, 칼이 없이는 칼날이 있을 수가 없다. 죽은 몸에 건강한 두뇌가 존재할 수 없는 것처럼 첨단기술 그 자체로는 경쟁력을 확보할 수가 없다. 첨단기술이 경쟁력을 갖추려면 기업가적 비전과 가치를 가진 경제, 즉 벤처자본에 접근할 수 있을 만큼 기업가적 정력이 넘치는 혁신가와 기업가로 구성된 경제가 먼저 존재해야 한다.

▌사회적 혁신

기업가적 사회가 실질적인 사회 혁신을 필요로 하는 분야는 두 가지다. 첫 번째 분야는 잉여 노동력을 해결하는 정책이다. 그 숫자는 많지 않다. 그러나 굴뚝산업의 블루칼라 노동자들은 매우 한정된 몇몇 지역에 집중되어 있다. 예컨대 미국 자동차산업에 종사하는 전체 근로자들 가운데 4분의 3은 미국의 20개의 카운티에 살고 있다. 따라서 그들은 매우 눈에 잘 띄고 조직도 잘 되어 있다. 더욱 중요한 것은, 그들은 다른 일자리를 찾거나 생활의 방향을 다시 정하거나 이동하는 데 필요한 것을 갖추지 못하고 있다는 사실이다. 그들은 교육수준도 낮고 기술도 없으며 사회적 역량도 부족하다. 게다가 무엇보다도 자신감도 높지 않다. 그들은 일생에서 다른 일자리를 찾으려 노력해본 적이 별로 없다. 그런 노동자들은 20세기에서도 교육과 지식 측면에서 큰 혜택을 누리지 못한 선진사회의 한 집단이다. 능력, 경험, 기술, 학업이라는 측면에서 그들은 1900년대의 미숙련 노동자와 상당히 유사하다. 한 가지 차이점은 그들의 소득이 폭발적으로 상승했다는 것이다. 만약 그들이 받는 임금과 복리후생비 모두를 합하면 산업사회에서 가장 소득수준이 높은 집단일 것이다. 그 결과 정치적 힘도 역시 증가했다.

그러나 그들은 개인으로서든 집단으로서든 서로 돕는 일에 대해 반대하거나 거부권을 행사하거나 방해를 놓거나 하는 것 이상으로는 충분한 능력을 발휘하지 못한다. 그런 실직 노동자들에게 사회가 최소한의 일자리라도 마련해 주지 않는다면 그들은 사회의 암적인 존재가 되고 만다. 하지만 경제가 기업가적 경제로 전환한다면 이 문제는 해결될 수 있다. 그렇게 되면 기업가적 경제에 적합한 새로운 기업들이, 과거 미국에서 경험한 바 있듯 새로운 일자리를 창출한다. 이것이 바로 미국의 오래된 굴뚝산업이 엄청난 실업을 안고 있으면서도 지금까지 정치적 문제를 야기하지 않은 배경이고, 또 심지어 거대한 보호주의 정책을 유발하지 않는 배경이다. 그러나 기업가적 경제가 새로운 일자리를 창출한다 해도, 남아도는 과거의 굴뚝산업 노동자를 훈련시키고 일자리를 찾아주려는 조직적인 노력은 필요하다. 그들은 그런 일을 스스로 할 수가 없기 때문이다.

그런 노력이 제공되지 않으면 굴뚝산업의 잉여 노동력은 자신들을 구제해줄 수단을 포함하여 새로운 것이라면 무엇이든 거부하게 될 것이다. 다시 말해 혁신을 굴뚝산업의 잉여 노동자들을 위한 기회로 만들지 않는 한 그들은 스스로 무능력하다는 감정, 두려움, 구속감 때문에 혁신 자체를 거부할 것이다. 혁신을 굴뚝산업의 잉여 노동자를 위한 기회로 만든 사례는 최근 영국과 미국의 우편 서비스 혁신, 제2차 대전 후 농부와 임업 노동자들을 제조업 근로자로 전환한 스웨덴의 혁신 등 전례가 있다.

또 다른 사회적 혁신은 한층 더 근본적이고 어려운 데다 전례가 없는 것이다. 그것은 바로 효력이 다한 사회정책과 진부한 공공서비스 기관을 체계적으로 폐기하는 일이다. 이 과제는 과거의 위대한 기업가 시대에는 별 문제가 아니었다. 19세기에는 그런 정책과 기관들이 별로 없었기 때문이다. 그러나 지금은 그런 문제를 엄청나게 지니고 있으며, 그 가운데는 단기간조차 기능을 수행할 수 없는 경우도 있다.

세계를 보는 관점과 인식에 관해 1970~1980년대에 일어난 근본적인 변화들 가운데 하나는, 정부의 정책들과 정부기관들은 신이 만든 것이 아니라 인간이 만들었다는 사실에 근거하여 그것들이 꽤 빠른 속도로 진부해진다는 사실을 인식한 것이다.

정치학은 정부가 하는 일은 무엇이든 인간사회의 본성에 근거를 두고 있고, 따라서 '영원하다' 는 케케묵은 전제를 근거로 한다. 그로 인해 정부가 수행하는 오래된 것, 쓸모없는 것, 더 이상 생산적이 아닌 것들을 제거할 정치적 메커니즘이 없었다.

이에 따라 미국에서는 일몰법(sun set laws)이 대거 등장했는데, 이 법은 정부기관 또는 공공법률이 일정 기간이 지나 특별히 연장되지 않는 한 자동적으로 폐지된다는 규정이다. 그러나 이런 법률들은 제 기능을 다하지 못했다. 그 이유는 부분적으로 정부기관 또는 법률이 언제 역기능적으로 되는지에 대한 객관적 기준이 마련되지 않았기 때문이고, 폐기에 대한 조직적 절차가 마련되지 않았기 때문이다. 그러나 근본적으로는 비효과적인 법률 또는 정부기관을 대체하여 문제를 처리해줄 새로운 다른 방법을 개발하지 못했기 때문일 것이다. '일몰법' 이 의미를 지니게 하고 목적을 달성하도록 하기 위해 원칙과 프로세스를 개발하는 것은 당면한 중요한 사회적 혁신들 가운데 하나다.

▌조세정책과 벤처정책의 과제

이런 두 가지 필요한 사회적 정책들(잉여 노동력을 해결하는 정책과 효력이 다한 사회정책과 진부한 공공서비스 기관을 체계적으로 폐기하는 정책)은 예를 든 것에 지나지 않는다. 그 밑바닥에는 정책과 태도의 변화가 필요하고, 무엇보다도 우선순위를 대폭적으로 재조정할 필요가 있다. 이에 따라 각 개인들은 유연성을 기르는 일, 계속적으로 배우는 습관, 변화를 정상적인 기회로 보는 습관을 장려할 필요가 있다. 그 점은 개인들뿐만 아니라 기관들도 마찬가지다.

조세정책이 그 한 분야로, 조세정책은 개인의 태도에 미치는 영향이나 사회적 가치와 우선순위의 상징이라는 두 가지 측면에서 중요하다. 선진국에서는 조세제도 때문에 과거의 문제를 청산하는 일이 매우 어려운 지경이다. 예컨대 미국의 세무당국은 회사를 처분하거나 생산라인을 정리한 결과로 받는 돈을 소득으로 간주한다. 물론 실제로 그 돈은 자본을 회수한 것이다. 그러나 현행 조세제도에서는 그 돈에 대해 소득세를 납부해야 한다. 그리고 회사가 그 돈의 일부를 주주에게 배당이라도 하게 되면 그것이 정상적인 '배당금'으로 간주되어 주주는 세금을 내야 한다. 그로 인해 회사는 오래된 것, 진부한 것, 그리고 더 이상 생산적이지 않은 것을 폐기하지 않는 쪽을 선호하게 된다.

그 대신 회사는 그 돈을 내부에 유보한 채 일반적으로 자본시장에서 쉽사리 조달할 수 없는 사업에 필요한 부품을 구입하는 데 쓰는 등 오래되고 쇠퇴되는 사업이나 제품에 투자하게 된다. 이것은 희소한 자원을 대량으로 배분하는 또 하나의 실수를 저지르는 것이다.

기업가적 사회에서는 어제의 것으로부터 내일로 자본이 이동하는 것을 막고, 그러한 일에 불이익을 주는 대신 촉진하는 조세제도가 필요하다. 다시 말해 기업가적 사회와 기업가적 경제는 자본축적을 촉진하는 조세정책을 필요로 한다.

기업가 정신을 촉진하거나 그것을 억제하지 않는 조세 및 재정정책
만큼이나 중요한 것이 있는데, 그것은 새로운 벤처기업에게 정부의
무거운 규제와 각종 제한 또는 서류작성 부담을 지우지 않는 것이다.
독자적인 회사든 기존 회사의 새로운 사업부문이든, 새로운 벤처기
업으로 하여금 규제와 보고서와 서류작성에 드는 비용이 총매출액의
일정 부분(예컨대 5퍼센트)을 초과할 경우의 비용을 정부에 청구하도
록 하는 것이다. 이것은 공공서비스 부문의 새로운 벤처에게 특히 도
움이 될 것이다.

선진국의 공공 서비스기관은 정부의 규제 때문에 더 큰 어려움을
겪고 있으며, 그리고 본연의 활동보다는 정부에 제출하는 잡다한 보
고서에 많은 시간을 빼앗기고 있다. 그리고 공공서비스 기관은 원칙
적으로 자금 측면이나 인력 측면에서 그런 부담을 해결할 능력이 훨
씬 떨어진다. 따라서 이러한 정책은 선진국이 앓고 있는 위험한 잠행
성 질병, 즉 눈에 보이지는 않지만 정부의 규제로 인해 끊임없이 증
가하는 비용에 대한 최고의 치료법일 것이다.

규제 비용은 실제로 비용이 많이 지출될 뿐만 아니라 유능한 사람
들을 빼앗고 그들의 시간과 노력을 쓸데없이 소모시킨다. 예컨대 세
무 회계를 담당하는 사람들이 국가의 부 또는 생산성에 기여한다고
믿거나, 물질적이든 육체적이든 또는 정신적이든 사회의 복지에 조
금이라도 기여한다고 믿는 사람이 어디 있겠는가? 그런데도 모든 선
진국 정부는 인류가 가진 가장 희소한 자원인 유능하고 근면하고 훈
련된 사람들을 본질적으로 무익한 활동에 점점 더 강제적으로 투입
하고 있다.

우리는 정부가 어떤 새로운 정책이나 대책을 수립할 때나 새로운 대책이 발효하기 전에 다음과 같은 질문을 할 필요가 있다. "그것은 사회의 혁신 능력을 촉진하는가? 그것은 사회적 경제적 유연성을 증진하는가? 또는 그것은 혁신과 기업가 정신을 방해하거나 억제하지는 않는가?"

▌기업의 사회적 책임, 사회는 권력 집중을 싫어한다

"기업의 의사결정이 초래하는 사회적 영향은 무엇인가?" 이 질문 속에서 우리는 경영자가 내리는 의사결정에 대해 '사회적 책임' 뿐만 아니라 그가 기업에 대해 져야 할 책임도 불가피하게 뒤엉켜 있다는 사실을 확실히 인식해야 한다. 경영자는 공공의 이익 그 자체를 침범하지 않을 책임이 있다. 이것은 기업이 사회의 한 기관이며, 기업의 행동은 사회에 결정적인 영향을 끼친다는 사실에 근거한다.

드러커는 1954년 《경영의 실제》에서 기업의 사회적 책임에 대해 깊이 있게 설명했다. 기업과 사회와의 관계는, 배를 띄워 항해하게 하는 바다이거나 폭풍을 일으켜 파선시키는 바다이거나 배가 건너야 할 바다의 관계처럼 보이지만, 한편으로 바다는 배의 고향이라기보다는 오히려 늘 용납하지는 않으며 또한 변화가 많은 환경으로 비유할 수 있다.

사회는 기업의 환경으로만 그치지는 않는다. 심지어 자본의 집중도가 가장 심한 개인기업이라 해도 그것은 사회의 한 기관이고 또 사회적 기능을 수행하고 있다. 사실 현대의 기업이 가진 성격으로 인해 과거의 기업과는 다른 종류, 다른 범위의 책임들을 경영자들에게 안

겨준다. 현대 산업은 우리가 과거부터 익히 알고 있던 그 어떤 것과
도 전혀 다른 자원들로 구성된 조직을 필요로 한다.

첫째, 현대 산업의 생산기간과 의사결정 기간은 너무 길기 때문에,
그것은 경제활동 프로세스에 있어 하나의 주요 요소인 한 개인의 수
명을 훨씬 넘어서까지 추진된다.

둘째, 물적 자원이든 인적 자원이든 여러 자원들이 조금이나마 생
산적인 것으로 되려면 상당 기간 영속적으로 존재하는 하나의 조직
에 투입되어야만 한다. 달리 말해, 현대 산업은 여태까지의 것과는
매우 다르고 새로운 기업을 필요로 한다.

역사적으로 볼 때 사회는 권력의 영구적인 집중을 거부해 왔으며,
적어도 경제적 목적으로 개인의 손에 권력이 집중되는 것을 거부해
왔다. 하지만 현대 산업사회는 (지금 기업이 권력을 집중하고 있는 것과
같이) 기업에 권력이 집중되는 것을 허용하지 않으면 사회로서 유지
되기 힘들다. 따라서 사회는 가장 용인하기 싫어했던 것, 즉 영속성
의 조건인 '법인(legal person)'을 기업에게 처음으로 허용하지 않을
수 없었고, 그리고 기업의 필요에 호응하여 기업의 경영자에게 어느
정도 권한을 허용하지 않을 수 없었던 것이다.

그러나 이런 사실은 사유재산이 지금껏 전통적으로 부담해온 것보
다 훨씬 큰 책임뿐만 아니라 전혀 다른 종류의 책임까지 기업과 그
경영자에게 안겨준다. 기업과 그 경영자가 부담하는 책임은 더 이상
다음과 같은 가정에 기초하여 성립될 수 없음을 뜻한다. 즉 사유재산
소유자의 사익 추구는 당연히 공익과 부합한다거나, 사익과 공익은
분리될 수 있으며 서로 아무런 관련이 없다고 하는 가정 말이다. 그

반대로 기업과 그 경영자는 다음과 같은 책임을 져야 한다. 경영자는 공익에 부합하게 행동할 책임이 있으며, 윤리적 행동기준에 적합하게 행동해야 하며, 자신의 사익 추구와 사적 권한 행사가 공공의 이익과 개인의 자유를 침해할 우려가 있는 경우에는 스스로 그것의 추구와 행사를 자제해야 한다는 것이다.

현대 기업이 살아남으려면 가장 높은 수준의 교육을 받은 가장 유능하며 가장 헌신적인 젊은이들을 기업에 끌어들일 능력이 있어야 한다. 그런 사람들을 끌어들이고 계속 잡아두려면 그들에게 경력기회를 제공하거나 삶의 터전을 마련해 주거나 경제적으로 많은 보수를 주는 것 등으로는 충분하지 않다. 기업은 그들에게 비전을 제공하고 자신이 사명을 실천한다는 느낌을 갖도록 해야 한다. 기업은 그들이 자신의 지역사회와 사회에 대해 의미 있는 기여를 하고자 할 때 그 욕구를 충족시켜줄 수 있어야 한다.

전문직 종업원들을 적절하게 관리하는 과제는 기업이 당면한 가장 어려운 문제에 속한다. 따라서 경영의 실천과 관련된 논의를 할 경우, 가장 소유구조가 분산되지 않은 개인기업의 사회성과 공공성으로부터 발생하는 경영자의 기능과 책임 또한 도외시할 수 없다. 이에 더하여 기업 그 자체는 경영자로 하여금 기업의 사회적 책임을 철저히 생각하도록 요구해야 한다. 왜냐하면 국가의 공공정책과 법률은 기업의 행동과 활동의 범위를 규정하기 때문이다. 국가의 공공정책과 법률은 마케팅, 가격결정, 특허, 노동정책을 제시함으로써 기업이 자본을 끌어들이고 가격을 책정할 수 있도록 돕는다. 요컨대 그것들은 개인기업이 개인기업으로 머무를 수 있을지, 자율적으로 행동할 수 있을지, 기업이 스스로 선발한 경영자들로 하여금 경영을 하게 할 수 있을지를 결정한다.

기업의 사회적 책임 가운데 첫 번째는 이익을 내는 것이고, 그 다음은 기업의 성장이다. 기업은 현대 사회의 여러 기관들 가운데 새로운 부를 창출하는 기관(wealth-creating organ)이자 고용을 창출하는 기관이고, 부를 계속 생산하는 기관(wealth-producing organ)인 것이다. 경영자는 경제활동에서 발생할 위험을 보상할 수 있을 만큼 충분한 이익을 산출함으로써 부를 생산하는 자원이 감축되지 않고 유지되도록 해야 한다. 그 외에도 경영자는 각종 경영자원이 가진 부의 창출 역량과 생산능력을 향상하고, 그로 인해 사회의 부를 증가시켜야만 한다.

수익성 책임은 포기할 수 없는 절대적인 것이다. 어떤 경영자도 이 책임을 면할 수 없다. 어떤 사람은 경영자가 주주들을 위해 이익을 창출해야 한다고 말하는데 사실 주주들은, 특히 공개기업의 주주들은 자신의 주식을 언제라도 처분할 수 있다. 그러나 사회는 그 기업과 함께 있다. 그 기업이 적절한 이익을 창출하지 못하면 사회는 고스란히 손실을 떠맡아야 하고, 기업이 혁신과 성장에 성공하지 못하면 그로 인한 궁핍은 지역사회 주민들의 몫이 된다.

▌공공의 이익이 개인의 이익을 결정한다

영국의 평론가 버나드 맨드빌(Bernard de Mandeville, 1670~1733)은 새로운 상업시대의 정신을 다음과 같은 유명한 경구로 요약했다. "사적 이익의 추구는 공공의 이익으로 귀결된다." 다시 말해 이기주의는 무의식적으로 그리고 자동적으로 공공의 이익을 증진하게 된다는 말이다. 애덤 스미스 이후 경제학자들은 이 내용에 대한 결론을 내지 못한채 계속 논쟁을 해오고 있다. 맨드빌이 옳았을지도 모른다. 하지만 이말이 옳은가 그른가 하는 것은 중요하지 않다. 어차피 그런 신념 아래만들어진 사회는 오래 지속될 수가 없다. 왜냐하면 훌륭하고 도덕적이며 지속적인 사회에서는 공공의 이익은 항상 개인의 미덕에 기초를두고 있기 때문이다. 어떤 지도층도 맨드빌의 개념을 받아들여서는안 된다. 반대로 모든 지도층은 공공의 이익이 자신이 속한 집단의 이익을 결정한다고 주장할 수 있어야 한다. 이 명제는 리더십을 발휘해야 할 사람들이 자격을 갖출 수 있는 유일한 합법적인 근거다. 그리고그것을 현실로 만드는 것이 지도자의 첫 번째 의무다.

자본주의가 맨드빌의 원리를 바탕으로 만들어졌다는 사실은 자본주의가 물질적으로는 성공했다는 사실을 설명해 주는 것일 수도 있다. 그리고 서구사회를 휩쓴 자본주의와 자본가에 대해 거센 반발이일어났던 이유를 분명히 설명해 주고 있다. 자본주의에 반대하는 세력들이 주장하는 경제원리는 튼튼하지 않을 뿐만 아니라 때로는 유치하며, 그들의 정치강령에는 독재의 위험이 포함되어 있다. 그러나이런 반론들은 자본주의를 비판하는 사람들을 설득하기에는 역부족이다. 그런 반론들이 자본주의에 대한 비판자들이나 일반 사람에게대체로 설득력이 없는 것은, 자본주의와 자본가에 대한 반감 자체가도덕적이고도 윤리적인 것이기 때문이다.

자본주의가 비난을 받는 것은 그것이 비효율적이거나 방향이 잘못되었기 때문이 아니라 냉소적이기 때문이다. 그리고 사적 이익 추구가 공공의 이익으로 귀결된다고 하는 신념에 기초한 사회는, 그 논리가 아무리 타당하고 그 이익이 아무리 크다 해도 오래 지속될 수 없다. 유럽에서는 지금도 맨드빌의 원리를 받아들이고 있지만, 미국에서도 받아들인 적이 있다. 그러나 얼마 가지 않아 미국은 그 반대의 원리, 즉 공공의 이익 추구가 기업의 사적 이익으로 귀결되도록 경영해야 한다고 주장할 수 있게 되었다. 비록 상식으로 자리 잡은 것은 아니지만 이 새로운 원칙을 일상의 경영활동 과정에 실천하는 것이 자기의 책임이라고 말하는 경영자들이 더 많아지는 것이야말로 자유평등사회의 미래를 위한 최대의 희망이다.

기업은 각각의 경영자와 지식근로자가 자기계발을 통해 능력을 최대한 발휘하도록 도전과 기회를 제공함으로써 그들에게 '인생을 살아가는 한 방법'을 제공하는 사회적 책임도 지고 있는 것이다.

▌기업가적 사회와 복지국가

기업가적 사회에서 개인들은 기회로 활용해야 할 커다란 도전에 직면한다. 그것은 '계속학습'과 '재학습'의 필요다. 전통사회에서는 학습은 청년기 또는 최대로 길게 잡아도 성인이 되면 끝나는 것이라고 생각했고 실제에서도 그렇게 통용되었다. 어떤 사람이 21세 무렵에 다 배우지 못한 것이 있다면, 그 후에도 그는 그것을 배우지 않을 것이다.

전통사회에서도 계속학습과 재학습을 실천해온 몇몇 집단들도 있었다. 위대한 예술가와 학자, 수도사, 신비론자, 예수회 수사들이 그랬다. 이런 예외적인 사람들은 그 숫자가 너무 적어서 무시해도 문제가 없었다. 그러나 기업가적 사회에서는 이런 '예외적인 사람들' 이 표준이 된다. 기업가적 사회가 요구하는 것은 개인들은 자신들이 성인이 된 나중에도 새로운 것을 배워야 한다는 것이다. 그리고 그것은 한 번으로 끝나지 않는다는 것이다. 또한 개인들이 21세 때까지 배웠던 것은 5년에서 10년 후에는 진부해지기 시작할 것이고, 새로운 이론과 지식과 새로운 기술로 대체되거나 보충되어야 할 것이다.

여기에는 한 가지 암시가 담겨 있다. 그것은 개인들은 계속학습과 재학습에 대해, 자기계발에 대해, 경력에 대해 점점 더 책임을 져야만 한다는 것이다. 청년기까지 배웠던 내용은 더 이상 자기의 남은 인생을 위한 '기반' 이 될 수 없다는 것이다. 그것은 단지 '출발점' 일 뿐이며, 남은 인생을 쌓아 올리거나 의지할 기초가 되기보다는 이륙할 지점이 될 뿐이다. 그리고 개인들이 고등교육을 받으면 받을수록 그들의 경력은 더욱 기업가적인 것이 될 것이고, 그들의 학습 도전들은 수준이 높아질 것이다.

1873년에 세계적으로 확산된 공황은 1776년 출판한 애덤 스미스의 《국부론》의 출판과 더불어 시작된 자유방임의 한 세기에 종지부를 찍은 사건이었다. 1873년의 세계 공황 속에서 현대 복지국가가 태어났다. 그로부터 100년 뒤, 복지국가는 지금 모두가 알고 있는 바와 같이 그 수명을 다했다. 복지국가는 고령 인구와 출산율 저하라는 인구통계적 도전에도 불구하고 살아남을 수도 있을 것이다. 그러나 그렇게 되려면 복지국가는 기업가적 경제가 생산성 향상에 크게 성공하는 경우에만 가능하다. 나아가 우리는 복지국가라는 거대한 건축물에 몇몇 작은 건물들을 추가할 수도 있을 것이며, 이곳에 방 하나를 보태고 저곳에 새로운 혜택을 제공할 수도 있을 것이다. 그럼에도 불구하고 복지국가는 미래라기보다는 과거다. 이제 나이 많은 진보주의자들도 그 사실을 알고 있듯이 말이다. 과연 '기업가적 사회'가 '복지국가'의 후계자가 될 것인가? 이것은 중대한 질문이며 답을 요구하는 질문이다.

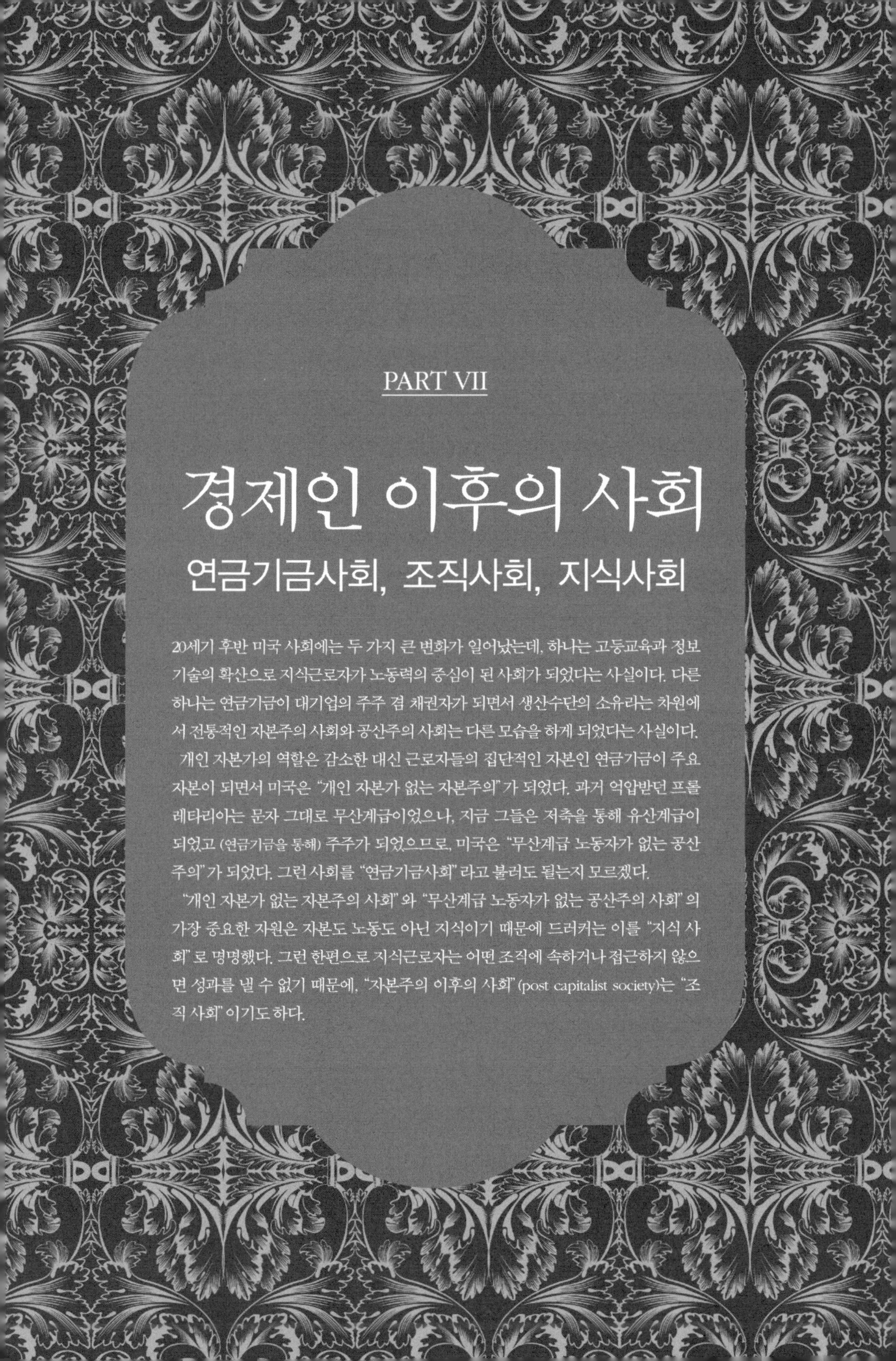

경제인 이후의 사회
연금기금사회, 조직사회, 지식사회

20세기 후반 미국 사회에는 두 가지 큰 변화가 일어났는데, 하나는 고등교육과 정보기술의 확산으로 지식근로자가 노동력의 중심이 된 사회가 되었다는 사실이다. 다른 하나는 연금기금이 대기업의 주주 겸 채권자가 되면서 생산수단의 소유라는 차원에서 전통적인 자본주의 사회와 공산주의 사회는 다른 모습을 하게 되었다는 사실이다.

개인 자본가의 역할은 감소한 대신 근로자들의 집단적인 자본인 연금기금이 주요 자본이 되면서 미국은 "개인 자본가 없는 자본주의"가 되었다. 과거 억압받던 프롤레타리아는 문자 그대로 무산계급이었으나, 지금 그들은 저축을 통해 유산계급이 되었고 (연금기금을 통해) 주주가 되었으므로, 미국은 "무산계급 노동자가 없는 공산주의"가 되었다. 그런 사회를 "연금기금사회"라고 불러도 될는지 모르겠다.

"개인 자본가 없는 자본주의 사회"와 "무산계급 노동자가 없는 공산주의 사회"의 가장 중요한 자원은 자본도 노동도 아닌 지식이기 때문에 드러커는 이를 "지식 사회"로 명명했다. 그런 한편으로 지식근로자는 어떤 조직에 속하거나 접근하지 않으면 성과를 낼 수 없기 때문에, "자본주의 이후의 사회"(post capitalist society)는 "조직 사회"이기도 하다.

chapter 13

연금기금 사회

▌연금기금 혁명과 연금기금 자본주의

일찍이 선진국에서 지금과 같이 막대한 규모의 자금이 기관투자자들, 주로 연금기금들에 의해 조성된 적은 없었다. 이런 현상의 출발점이 된 미국 최대의 연금기금은 800억 달러의 재산을 가지고 있다. 규모가 작은 연금기금조차도 미국기업에 약 10억 달러 전후를 투자하고 있다. 이런 공동자본(pool of capital)은 과거 최고의 '자본가'라고 인정되던 사람들을 난쟁이로 만들어놓았다. 선진국의 연령구조로 볼 때 앞으로 연금기금은 모든 선진국에서 실질적으로 더욱 중요해질 것이 틀림없다. 이것은 전례 없는 발전이다.

이런 현상은 1950년대에 겨우 처음 시작되었다. 이에 대해 드러커는 1976년 《보이지 않는 혁명(The Unseen Revolution)》에서 처음으로 지적하고 분석하였고, 1996년 《연금기금 혁명》이라는 제목으로 재출판되었다.

앞으로 연금기금을 적절하게 관리하고 보존하는 것은 주요한 공공 관심사가 될 것이다. 그러나 이런 문제들보다는 지금 선진국에서 빠른 속도로 자본의 주요 원천이 되고 있는 기관투자자들, 특히 연금기금들의 역할과 기능에 관심을 가져야 한다. 1992년 말까지 미국의 기관투자자들은 최소한 미국 대기업의 주식을 50퍼센트까지 가질 수 있게 되었다. 뿐만 아니라 미국 중규모 기업의 장기부채의 50퍼센트를 제공할 수 있게 되었다. 즉, 1992년 말까지 미국의 100대 연금기금은 전체 연금기금 재산의 3분의 1을 보유하게 되었다.

이런 집중적인 금융지배력은 미국에서 한 번도 없었다. 이런 일 자체가 허용되지 않았을 것이다. 미국은 늘 금융지배력의 집중도를 가장 낮게 유지해 왔다. 독일에서는 적어도 한 세기 동안은 몇몇 거대은행들이 자기 소유의 주식을 통해서 직접적으로 고객을 지배하였으며, 독일의 대규모 기업들과 중견기업들의 의결권 있는 주식의 5분의 3을 갖고 있었다.

일본에서는 전통적으로 은행 또는 종합상사를 중심으로 하는 기업집단인 '게이레츠(系列)', 예를 들면 미츠비시, 미츠이, 스미토모가 일본의 대기업들 다수를 지배해 왔다. 마찬가지로 이탈리아도 극단적으로 높은 자본 집중체제를 갖추고 있었다. 이탈리아의 금융 공급과 지배력은, 부분적으로는 경쟁을 하면서 부분적으로는 협력을 통해 고도로 집중된 몇몇 개인 기업집단 또는 정당이 지배하는 정부 컨소

시업들에게 나누어져 있다.

그러나 미국과 같이 기관투자자들에 의한 자본의 집중은 전례 없는 일이다. 그러므로 연금기금과 관련한 발전과정의 모델은 미국이다. 일본, 독일, 프랑스, 이탈리아에서 금융력을 집중하고 있는 전통적 금융기관들은 대부분 새로운 연금기금에 대해 통제력을 뻗치지 못할 것이다. 21세기 각 나라들은 틀림없이 19세기 말에 나타난 '금융 자본주의'를 그들 방식대로 구축한 것과 같이 '연금기금 자본주의'를 그들 방식대로 구축할 것이다.

▌개인 자본가 없는 자본주의, 프롤레타리아 없는 사회주의

1950년대까지만 해도 지식인들은 소수를 제외하고는 자본주의 이후 사회(PCS, Post Capitalist Society)는 마르크시스트 사회주의 사회가 될 것이라고 생각하고 있었다. 지금은 그렇게 되지 않는다는 사실을 알고 있다. 그리고 선진국들은 자본주의라고 할 수 있는 체제로부터 빠져 나오고 있다. 시장은 경제활동의 효과적인 통합자로 확실하게 남아 있겠지만, 선진국 사회는 빠른 속도로 새로운 생산수단을 가진 사회로, 새로운 정치체제로, 새로운 계급들의 사회로 변하고 있다.

연금기금 자본주의 또는 연금기금 사회주의(왜냐하면 연금기금을 통해 피고용자가 생산수단의 소유권을 갖는 것은 기술적으로는 '자본주의'가 아닌 '사회주의'라 할 수 있다)는 선진국의 보편적인 소유양식이 될 것이다. 선진국 인구의 연령구조 하나만으로도 이런 추세를 실질적으로 불가피하게 만든다.

연금기금 자본주의는 근본적으로 과거 어떤 형태의 자본주의와도 다르며, 또한 지금까지 어떤 사회주의자가 사회주의 경제로서 상상했던 것과도 다르다. 연금기금들은 매우 이상하고도 역설적인 현상이다. 연금기금들은 거대한 공동자본을 통제하고 그것을 투자하는 '투자자들'이다. 하지만 연금기금을 운영하는 관리자들을 비롯하여 연금기금의 소유자들도 '자본가들'은 아니다. 말하자면 연금기금 자본주의는 '자본가가 없는 자본주의'다. 법적으로 연금기금들은 '소유자'이지만 그것은 다만 법적일 뿐이다. 연금기금들은 '수탁자'일 뿐이다. 그 소유자는 궁극적인 수혜자인 미래의 연금기금 생활자들이다. 그리고 연금기금들 자체는 재무분석가, 포트폴리오 관리자, 보험계리인들과 같은 피고용자들에 의해 운영된다. 이들은 보수가 많은 전문가들이지만 이들 스스로가 과거 자본가들과 같은 부자는 아니다. 사실 미국의 최대 연금기금인 연방정부, 주정부, 시에 근무하는 사람들의 연금기금은 앞에서 언급한 많은 보수를 받는 전문가 공무원들에 의해 관리된다.

이 새로운 사회적 구조를 무엇이라고 부를까? 1970년대 중반 드러커가 처음으로 이 문제를 논의했을 때는 이것을 '연금기금 사회주의(Pension Fund Socialism)'라고 했다. '피고용자 자본주의(Employee Capitalism)'가 더 나은 호칭일는지?

미국은 시장기구와 경쟁체제를 유지하는 여전히 최상의 '자본주의' 국가다. 새로운 자본인 연금기금은 새로운 자본가, 즉 연금기금 투자분석가 또는 포트폴리오 관리자들에 의해 운영되고 있다. 따라서 PCS는 '개인 자본가 없는 자본주의'가 되었다.

그리고 마르크스가 정의한 것과 같이 사회주의에 대해 피고용자에 의한 생산수단의 소유로 정의한다면, 미국은 어느 점으로 보나 최상의 '사회주의' 국가가 되었다. 요컨대 '프롤레타리아 없는 사회주의'라고 표현할 수도 있다.

▌피고용자 사회 또는 자영업자 사회

PCS는 피고용자 사회(the employee society)이다. 50년 전만 해도 '피고용자' 라는 말은 영국이나 미국에서 법률적인 용어로만 쓰였다. 그당시 일반사람들은 '자본과 노동' 또는 '경영자와 노동자' 라는 표현을 자주 사용하였다. 같은 의미의 독일말 '공동작업자(Mitarbeiter)' 는 잘 사용되지 않는 말이었다.

'피고용자' 라는 말은 하층의 사무직을 뜻하는 것으로, 스페인어로 '고용된 자(employado)' 또는 독일어로 '월급쟁이(Angestellter)' 와 같은 의미였다. '피고용자' 라는 표현은 어색한 말이기도 하면서 확실한 의미를 가지고 있지도 않다. 그리고 같은 의미를 가진 모든 외국어 단어들이 그 나라에서 일반적으로 사용된 것은 최근의 일일 뿐만 아니라 어색하게 사용되고 있다.

피고용자라는 말이 쓰이는 것은 새로운 현상이다. 그리고 아직까지 그런 현상을 표현하는 적절한 설명도 없다. '피고용자' 를 정의한다면, 고용기관의 일을 하고 돈을 받는 사람이다. 그런데 지금 미국에서 '피고용자' 의 가장 큰 단일집단은 돈을 받지 않고 일하는 사람들의 집단이다. 미국 성인의 두 사람 중 하나는 비영리 조직의 '무보수 피고용자' 로 일하는데, 그들은 적어도 일주일에 세 시간 정도는 무보수로 일을 한다. 그들은 분명히 '스태프' 이고 그들 스스로도 그렇게 생각한다. 그렇지만 그들은 자원봉사자이지 돈을 받지 않는다. 사실상 '피고용자'로서 일하는 많은 사람들은 법률적인 관점으로는 고용기관에 고용되어 있지 않은 것이다. 그들은 '스스로에게 고용된(self employed)' 자영업자인 것이다.

100년 전만 해도 고용되었다는 것은 다른 사람을 위해 일을 하는 것이고, 조직이라든가 '상사'를 위해서가 아니라 '주인'을 위해서 일하는 것이었다. 그들은 대부분 공장노동자 아니면 가정의 하인이나 하녀들이었다. 제1차 대전 전까지 모든 선진국에는 공장노동자들이 수적으로 훨씬 더 많았다. 그들은 가게점원이나 판매인 등이었다. 교육을 받은 사람들은 대부분 '자영업자'처럼 일했다. 그리고 1913년 각 나라마다 가장 큰 단일집단은 자작농이든 임차농이든 자신을 위해 스스로 땅을 경작하는 농부들이었다.

오늘날 선진국에서 '농부'는 소수의 집단이다. 가정부들은 모두 사라져버렸다. 그러나 60~70년 전 '독립적'으로 일하던 사람들은 지금은 피고용자 또는 자영업자가 되었다. 그들은 교육받았고 지식이 있는 사람들이다. 이런 종류의 사람들을 표현하는 어떤 단어가 필요하지만 아직 적당한 것은 없다. '자영업자 사회'라는 말이 생길지는 의문이다.

잠정적으로 PCS의 '피고용자'를 정의해 두고 넘어가야 하겠는데, "피고용자란 조직에 고용되어야만 그들의 능력을 발휘할 수 있는 사람"이라고 해두자. 그들이 보수를 받는가 하는 것은 부차적인 문제다. 이런 사람들이 '자영업자'가 되면 그들은 조직에다가 용역을 제공하거나 조직을 통해 용역을 제공하기 때문에 자기의 역할을 할 것이다. 예를 들면 영국의 국립보건원에 소속된 의사, '독립적 의료활동'을 하는 미국의 개업의, 회계사와 감사인, 프리랜스 지휘자 또는 기악 솔로이스트 등이다. 이런 사람들은 임금(salary)을 받지 않는 대신 '수수료(fee)'를 받는다. 그러나 그들의 능력 발휘는 마치 그들이 급료대장에 등록되어 있는 종업원과 같이 조직에 대한 접근 여부에 달려 있다.

수입, 교육, 사회적 지위가 높이 올라가면 갈수록 일과 역할을 수행하는 능력은 한층 더 조직에 대한 접근 여부에 의존한다. PCS가 '조직의 사회'가 된 것과 마찬가지로, PCS는 '피고용자 사회'가 되었다. 이것은 하나의 현상을 설명하는 두 개의 다른 방법이다.

■ 자본가와 프롤레타리아에서 지식근로자와 서비스근로자로

자본주의 사회는 두개의 사회계급에 의해 지배되었다. 하나는 생산수단을 소유하고 통제하는 자본가 계급이고, 다른 하나는 마르크스가 '프롤레타리아'라고 부른 노동자 계급이다.

프롤레타리아는 '노동생산성 혁명'의 결과 처음으로 중산층이 되었다. 노동생산성 혁명은 마르크스가 죽은 1883년 무렵 프레더릭 테일러가 시작하였으며, 제2차 대전이 끝난 직후 모든 선진국들은 노동생산성의 절정기를 맞았다. 1950년경 제조업 노동자들은 여전히 노동을 제공하고는 있지만 더 이상 프롤레타리아가 아니다. 그들은 투표를 통해, 자신들의 축적된 부를 통해 모든 선진국의 정치와 사회를 지배하고 있다.

그런 한편으로는 당시 경영혁명의 결과로 인해 제조업체의 블루칼라들은 수적으로는 물론 권력과 사회적 지위를 더욱 빠른 속도로 상실하기 시작했다. 2000년 무렵 선진국에는 전통적인 의미의 근로자로서 물건을 생산하고 운반하는 일에 종사하는 사람들의 수가 전체 노동력의 6분의 1 또는 8분의 1이 넘지 않게 되었다.

개인 자본가는 노동자보다 좀 더 앞선 시기에 그 존재의 절정기를 맞았는데, 19세기가 끝날 무렵 아니면 제1차 대전 전이었다. 그 이후 개인 자본가는 휘두르는 권력과 대중 앞에 드러난 정도로 볼 때 미국의 모건(J.P. Morgan, 1837~1913), 록펠러(J.D. Rockefeller, 1839~1937), 포드(Henry Ford, 1863~1947)를 비롯하여 독일의 지멘스(Werner Siemens, 1816~1982), 티센(Fritz Thyssen, 1873~1951), 라데나우(Walther Rathenau, 1867~1922), 크루프 가문(Krupp Family), 영국의 쿠나드(Samuel Cunard, 1787~1865), 레버(William Lever, 1851~1925), 일본의 대재벌 가족과 견줄 만한 사람이 없다. 제2차 대전까지 그들은 경영혁명의 첫 번째 결과인 '전문경영자'에 의해 대체되었다.

물론 우리 주변에는 여전히 부자들이 많이 있고 그들은 여전히 신문의 사회면을 장식하고 있다. 그러나 그들은 '명사(celebrity)' 들이기는 하지만 경제적으로는 거의 중요하지 않게 되었다. 더욱이 신문의 경제면은 '고용된 사람들', 즉 전문경영자들에게 관심이 집중되어 있다. 돈에 관한 기사거리는 주식을 거의 또는 전혀 갖고 있지 않은 고용경영자들에게 지급되는 '과다한 급료' 나 보너스에 관한 것이다.

요컨대 자본주의 사회의 두 계급, 즉 소수의 개인 자본가와 다수의 무산계급 노동자는 다수의 전문 경영자와 유산계급 근로자로 대체되고 있다. 다르게 정리하면 PCS의 두 계급은 자본가와 프롤레타리아

대신 지식근로자(knowledge worker)와 서비스근로자(service worker)
이다.

육체노동을 하지만 프롤레타리아가 아닌 서비스근로자들, 예를 들
면 슈퍼마켓의 점원, 병원의 청소부, 화물트럭의 운전수 등의 지위는
과거 '임노동자'와 크게 다르지 않을지도 모른다. 이들은 과거 노동
자의 직계 후손들로, 전체 노동력의 4분의 1 또는 조금 더 많으며 이
미 제조업의 정규직 육체근로자들보다 더 많다. 그들의 지위, 생산
성, 존엄성은 PCS의 핵심적인 사회문제들이다.

물건을 생산하고 운반하는 노동생산성의 급속한 상승은 19세기의
악몽이었던 '계급투쟁'을 극복하였다. 지금은 PCS의 새로운 두 계층
인 지식근로자와 서비스근로자 사이의 계층갈등을 막기 위해 서비스
근로자들의 급속한 생산성 상승이 요구되고 있다. 그러므로 PCS에서
서비스작업의 생산성을 향상하는 것은 (경제적인 측면으로는 말할 것도
없고) 우선순위가 가장 높은 사회적 목표가 된다.

과거에는 자본가 가정에 자본가 계급만 있고 노동자 가정에는 노동
자 계급만 있었다. 그러나 지식근로자들과 서비스근로자들은 전통적
의미의 '계급'이 아니다. 이들을 갈라놓는 선은 단단하지 않다. 한 가
족 안에 고등교육을 받은 서비스근로자들과 지식근로자들이 함께 있
을 가능성이 많다. 하지만 서비스근로자들이 충분한 소득과 존엄성
을 확보하지 못하면 PCS는 계급사회가 될 위험이 있다. 서비스근로
자들은 생산성을 올려야 할 필요가 있으며 승진의 기회와 인정을 확
인할 기회가 필요하다.

▌새로운 자본, 연금기금

선진국에서는 옛날의 자본가 대신 연금기금이 자본의 공급과 분배를 통제해가고 있다. 연금기금은 자본가들의 새로운 후손, 즉 얼굴도 모르고 이름도 모르는 월급쟁이들인 연금기금 투자분석가 또는 포트폴리오 관리자들에 의해 운영되고 있다. 포트폴리오 관리자는 지식근로자이다.

연금기금 자본주의는 '자본'이 없는 자본주의이다. 연금기금의 자금과 형제격인 상호부금은 자본에 관한 어떤 정의에도 속하지 않는다. 이것은 말의 뜻만이 문제되는 것은 아니다. 실질적으로 연금기금의 자금은 근로자의 이월된 임금이며, 더 이상 일을 하지 않는 사람들에게 임금소득과 똑같은 금액을 지급하기 위해 축적되고 있는 것이다.

마르크스에 따르면, 또한 19세기와 20세기 초에 수용된 정의에 따르면, 모든 자본은 임금 소득자를 착취함으로써 축적된다. 초기 사회주의 이론가는 "재산은 도둑이다."라고 부르짖었다. 분명히 이 정의는 연금기금 자본의 정의와는 맞지 않는다. 왜냐하면 임금 소득자들이 그 연금기금의 소유자들이기 때문이다.

그러나 연금기금의 자본은 또한 어떤 비(非)마르크시스트가 내리는 자본의 정의와도 합치되지 않는다. 연금기금 자본주의의 임금 소득자들은 자신들의 임금을 부분적으로 이월함으로써 자신들을 고용할 기업들에게 필요한 자본을 공급하고 있기 때문이다. 따라서 임금 소득자들은 자본이익과 자본매각 수입의 수혜자들이다. 우리들은 이미 현실이 된 이것에 적합한 그 어떤 사회적 정치적 또는 경제적 이론을 갖고 있지 않다.

▎연금기금의 관리

연금기금 자본은 너무나 새로운 것이므로 연금기금의 관리와 규제에 대해서는 아직도 해야 할 일이 많이 남아 있다. 연금기금의 실질 소유자들, 즉 현재의 종업원들과 미래의 연금수혜자들을 연금기금의 관리로 통합하는 일은 지금까지 어느 나라도 해결하지 못한 도전이다. 현재 연금기금의 소유자들이 유일하게 갖고 있는 것은 만기일이 도래하지 않은 수표의 지급약속뿐이다. 선진국에서 45세 이상의 사람들에게 연금기금에 가입한 돈은 대부분 단일재산으로는 이미 가장 큰 것이 되었다.

이런 막대한 공동자본을 약탈자들 또는 사기꾼들로부터 어떻게 보호할 것인가 하는 것은 큰 과제일 수밖에 없다. 미국은 개인기업의 연금기금을 약탈자로부터 보호하는 장치를 갖고 있다. 1990년과 1991년에 영국의 언론재벌인 로버트 맥스웰(Robert Maxwell, 1923~1991)이 데일리 미러(Daily Mirror) 등 자신의 영국신문에서 연금기금을 횡령했던 것과 같은 일은 미국에서는 쉽지 않을 것이다. 그러나 그런 미국조차도 가장 심각한 위험에 대비할 안전장치는 충분하지 않다. 즉 정부의 관료나 정치인들이 정부기관에 근무하는 종업원들의 연금기금을 정치적 목적으로 도용하는 것에 대해서 말이다. 사실 미국의 공공기관 종업원의 연금기금은 뉴욕시든 뉴욕주든, 또 필라델피아든 캘리포니아주든 정기적으로 주정부와 시정부의 적자예산을 메우는 데 전용되고 있다.

마찬가지로 특수 이해집단들, 예를 들면 노동조합은 정치적 권력을 이용하여 연금기금을 자신들의 보조금으로 지급할 위험도 있다. 연금기금은 '사회적으로 건설적인 목적'에 봉사해야 한다는 사기꾼 같은 구실로 말이다. 연금기금은 오늘날 종업원들의 예금이다. 그것은 종업원들의 미래의 재정문제 해결에 봉사하는 것 외에 다른 어떤 곳이나 사람에게도 봉사해서는 안 된다.

▌생명보험, 사망보험, 노후보험

19세기 보통사람들의 가장 큰 경제적 필요성은 그들이 사망한 경우 가족을 보호하기 위한 '생명보험'이었다. 19세기를 지나 사람들의 수명이 거의 두 배로 늘게 되자, 너무 오래 살게 될 경우의 위협으로부터 보호하기 위한 경제적 장치가 필요하게 되었다.

19세기의 '생명보험'은 실질적으로 '사망보험'이었다. 반면 연금기금은 '노후복지'를 위한 보험이다. 노후복지보험은 사람들이 정년 후 몇 년간 더 사는 것을 기대할 수 있는 사회에서는 필수적 제도이다. 연금기금에 대한 규정을 만들고 약탈자와 사기꾼으로부터 연금기금을 보호하는 것은 앞으로 정책 수립가들과 법률가들이 해결해야 할 도전으로 남겨졌다. 어떻게 될지는 모르지만, 그 도전에 대해서는 몇 개의 추잡한 스캔들을 겪은 뒤에야 비로소 대응할 수 있을 것 같다. 마찬가지로 연금기금의 실질 소유자들을 연금기금 사회에 적응시키는 것은 수년간의 토론과 실험과 '스캔들'을 경험한 뒤에 가능할 것이다.

▋ 기업감사

연금기금들은 기업을 경영할 수도 없을 뿐만 아니라 기업에서 빠져 나올 수도 없다. 왜냐하면 대규모의 공동자본을 처분하려 해도 그것을 구입할 매수자 역시 연금기금뿐이기 때문이다. 따라서 연금기금들은 자신들이 투자한 기업이 제대로 경영되고 있는지를 확실히 해두어야 한다. 그러므로 앞으로 드러커가 '기업감사'라고 한 이 장치가 발전할 것이라는 예측은 매우 신빙성 있다.

기업감사는 기업의 성과를 추적할 것이고, 전략적 계획 및 구체적인 목표와 비교한 경영의 성과를 추적할 것이다. 그리하여 기업감사는 수년 동안 기업이 성과를 내고 있는지 아닌지를 밝혀줄 것이다. 이런 기업감사를 발전시키고 집행할 감사기관을 개발하는 첫 번째 단계조치는 이미 취해지고 있다. 그 감사기관의 모델은 모든 선진국에서 기업의 재무적 성과를 정규적으로 조사하고 감사하는 공인회계사이다. 이런 기업감사는 경영자에게 경영을 수행하는 데 필요한 자율권을 주게 될 것이다. 뿐만 아니라 기업감사는 성과에 대한 책임기준을 설정할 것이며, 그것을 달성하도록 강요할 것이다. 이렇게 해서 기업감사는 경영자를 이미 알려진 공개적인 성과기준의 원칙 아래 두게 될 것이다.

기업감사는 자본의 피신탁인인 기관투자자로 하여금 그들이 투자한 기업들의 재산을 법적 소유자로서 적절히 지키고 돌보는 것을 의무로 생각하게 하는 동시에, 실질 소유자인 연금기금의 미래 수혜자를 위한 감시인처럼 행동하게 한다. 연금기금 수혜자들의 관심은 물론 단기적 결과가 아니라 장기적 결과에 있으며, 단기적 주식시장 가격이 아니라 경제의 성장에 있다. 이론 및 실제에서 이런 역할과 기능은 지난날의 '자본주의'의 자본이 갖고 있던 그런 것과는 완전히 다르다. 자본의 기능은 점점 더 지식이 성과에 공헌하도록 하는 것이 될 것이다. 자본의 기능은 경영자를 지배하기보다는 경영자가 경영을 수행하도록 더욱 협조하게 될 것이다.

chapter 14

조직사회

▌ 조직의 의미와 기능

조직이란 공통의 과업을 위해 함께 일하는 전문가들로 구성된 하나의 인간집단이다. 조직은 인간의 심리적 본성이나 생리적 필요에 의해 만들어진 '사회' '지역사회' 또는 '가족'과 같은 전통적인 사회집단과는 달리 의도적으로 만들어진 것이다.

조직은 언제나 전문화되어 있다. 조직은 조직이 수행하는 과업으로 그 성격이 정해진다. 즉 오직 하나의 과업에 관심을 집중하고 있을 때만 효과적인 것이다. 그 반면 지역사회와 사회는 인간을 한데 묶어주는 유대, 예컨대 언어·문화·역사·지역성 등으로 그 성격이 규정된다.

교향악단은 환자를 돌보려고 시도하지 않는다. 그들은 음악을 연주할 뿐이다. 병원은 환자를 돌보기 위해 간혹 환자에게 음악을 들려주는 경우는 있지만 교향악단에는 관심이 없다. 히말라야에 올라가는 등산클럽은 네팔의 집 없는 사람이 궁지에 빠져 있다 하더라도 그들을 돌보지는 않는다. 학교는 가르치고 배우는 데 관심을 집중하고, 기업은 재화나 용역을 생산하여 팔고, 교회는 죄인을 회개시켜 영혼을 구하고, 법원은 분쟁을 해결하고, 군대는 전쟁을 하는 데 관심을 가지며, 미국 심장협회는 연구를 통하여 심장질환과 순환계 질병의 예방에 관심을 갖는다.

사회, 지역사회, 가족과 같은 집단은 존재하는 것 그 자체에 의의가 있지만, 조직은 활동을 하는 것에 의의가 있다. 누군가 "우리 조직은 모든 것을 고객을 중심으로 운영하고 있습니다." 또는 "우리 조직이 중요시하는 것은 오직 예산에 맞게 운영하는 것뿐입니다."라는 말을 하면 사람들은 고개를 끄덕이며 수긍한다. 모든 선진국 사회는 '조직의 사회'가 되었다.

전부는 아니라도 대부분의 사회적 과업은 하나의 조직 속에서 또는 조직에 의해서 이뤄지고 있다. 예를 들면 기업과 노동조합, 군대와 병원, 학교와 대학, 지역사회의 주민자치센터 등이다. 그 가운데는 정부기관들도 있지만 '사회 부문'의 비영리기관들이 더 많다. 그리고 사회에는 오케스트라단, 미술관, 재단들, 무역협회, 소비자 단체, 교회 외에도 많은 조직들이 있다.

제2차 대전이 끝날 때까지 미국에서는 어디서든 그 누구든 '조직'이라는 말을 입에 올리지 않았다. 영국의 권위 있는 옥스퍼드사전의

1950년판에는 '조직'이라는 단어의 현대적 의미가 설명되어 있지 않다. 정치학자와 사회과학자들은 정부나 기업, 사회, 종족, 지역사회와 가족에 대해 연구하지만 '조직'은 정치적, 경제적, 사회적 용어가 되지 못한다. 이 사실은 다음과 같은 세 가지의 의문을 제기한다.

첫째, 조직은 어떤 기능을 수행하며, 왜 그런 기능이 필요한가?

둘째, 조직이 사회학이나 정치학, 경제학에서 여전히 무시되고 있는 것은 무엇을 의미하는가?

셋째, '조직'이란 정확하게 무엇인가? 그것은 어떻게 작동하는가?

우선 조직의 기능은 지식을 생산성 있게 만드는 것이다. '단일 전문지식'이 '결합된 지식들'로 이동하고 있기 때문에 지식에 기초한 조직은 모든 선진국 사회의 중심이 되고 있다. 따라서 지식들이 전문화될수록 지식들은 더욱 효과적으로 사용될 것이다.

방사선기사는 의약품에 대해서는 모르지만 X선, 초음파, 자기공명영상장치로 인체의 내부를 촬영하는 방법을 아는 전문가이다. 시장조사 전문가는 기업에 대해 잘 아는 사람이 아니라 다만 시장조사에 관한 것을 가장 잘 아는 사람이다. 그런데 방사선기사나 시장조사자는 X레이 사진이나 시장조사 결과를 자신을 위해 보관하거나 사용하지 않는다. 그들이 한 일은 다만 '투입(input)'에 지나지 않는다. 그들이 한 일은 다른 전문가들이 한 일과 합쳐지지 않으면 결과가 되지 못한다.

지식은 그 자체로서는 아무것도 만들지 못한다. 여러 지식들이 한꺼번에 결합되어 하나의 지식으로 융합될 때 생산성을 창출하는 것이다. 그것을 가능하게 하는 것이 조직의 과업이고, 조직이 존재하는 이유이며, 조직의 기능이다. 확실히 요즘은 지식이 매우 전문화되고 있는데, 특히 대학사회가 가장 뚜렷하다. 인문교육은 지식근로자가 한 인간으로서 살아가는 데 필요한 것이지만, 전문가에게 '인문교육'을 강화하여 '만능인간'으로 만드는 것은 해결책이 아니다. 그것은 효과가 없다는 것을 우리는 알았다. 전문가들은 전문가 역할을 할 때만 효과를 낸다. 지식근로자는 성과를 올려야 하고 문제를 해결해야 한다.

▌조직은 새로운 패러다임이다

토머스 쿤(Thomas Kuhn, 1922~)이 쓴《과학혁명의 구조(The Structure of Scientific Revolutions)》(1962)에서 사용한 용어를 빌려 표현하면, 조직의 출현은 '패러다임의 전환'이었다. '패러다임'은 어떤 시대의 사람들이 공통적으로 갖고 있는 견해와 사고를 근본적으로 규정하는 테두리로서의 인식체계를 말한다. 토머스 쿤의 이론에서 중요한 개념인 '패러다임'은 쿤 자신도 그 정의를 분명하게 규정하고 있지 않아 심각한 오해들이 야기되었다.

패러다임은 "과학에 있어 일반적으로 용인된 문제해결 사례 또는 모범적인 연구사례"로 이해되기도 한다. 이미 해결된 문제풀이의 사례들은 상상력의 발휘를 위한 기준으로 활용된다. 이런 관점으로 보면 '비정상적인 현상'에 대한 인식은 "기존의 패러다임과 비교하여 우리가 평소에 기대하고 있는 것과 다른 어떤 현상"이라고 할 수 있다.

조직은 정치학자와 사회학자들이 현실로서 알고 있는 것과는 상충되었다. 그리고 쿤이 지적한 것처럼, 학문세계에서 그것을 받아들이는 것은 제쳐둔다 해도 새로운 현실이 인정되기까지는 30년이나 40년이 걸린다. 그것은 새로운 세대가 자라서 그것을 받아들이는 기간이다.

　조직에 대하여 왜 그다지도 주목하지 않았는가 하는 것에는 또 다른 하나의 이유가 있다. 군대, 교회, 대학, 병원, 기업, 노동조합과 같은 것은 일찌감치 인정되었고 오랫동안 세밀하게 분석되었다. 그러나 이것들은 각자 따로 취급되었고, 다른 것과는 서로 아무런 관련이 없는 특이한 존재로 간주되었다. 아주 최근에 와서야 앞에서 예를 든 모든 조직들이 같은 종(種), 즉 그들 모두가 '조직'이라는 종에 속한다는 것을 인식하게 되었다. 그런 조직들은 인간이 만든 환경이며, PCS의 '사회적 생태계(생물 분류학상의 구분인 종, 속, 과, 목의 개념을 이용하여 조직을 종으로, 비영리조직을 속으로, 개별기관을 과로 표현한 것임)'인 것이다.

　조직들은 서로 다른 면보다는 훨씬 더 많은 공통점을 갖고 있다. 아직도 대부분의 사람들은 '경영'이라는 말을 들으면 그것을 '기업경영'으로 알아듣고 있으며, 경영이 모든 조직들을 똑같은 대상으로 하는 일반적인 기능이라는 사실을 인식하지 못한다. 드러커가 1990년 《비영리조직의 경영》에서 지적하였듯이 비영리 부문에 근무하는 많은 사람들은 아직도 교회는 교회로, 병원은 병원으로, 지역사회 활동은 지역사회 활동으로 각각 다르게 생각하고 있다. 이들 기관들이 모두 같은 속(屬)인 비영리조직에 속해 있고 같은 종(種)인 조직에 속해 있음을 알지 못하고 있다.

　제2차 대전 후 '경영'의 출현은 사람들로 하여금 조직이란 독특하고도 다른 것과는 차이가 있는 것으로 생각하게 만들었다. 조직은 사회과학자들이 알고 있는 현대의 통합자인 '지역사회' 도 아니고 '사회' 도 아니고 '계급' 도 아니고 '가족' 도 아니다. 조직은 또한 '파당' 도 아니고 '부족(部族)' 도 아니고 '친인척 족벌' 도 아니고, 인류학자나 민속학자 그리고 사회학자가 연구하는 어떤 전통적 사회의 통합자도 아니다. 조직은 새롭고 독특한 그 어떤 것이다.

▌조직은 목적을 다양화해서는 안 된다

조직은 특수목적의 기관이다. 조직은 하나의 과업에 관심을 집중하기 때문에 효과를 발휘한다. 예를 들어 우리가 흉부외과에 가서 "발톱이 발가락 안으로 파고드는 것 때문에 고통을 당하고 있습니다."라고 말하면 대답은 분명하다. "우리는 엉덩이에서 어깨 사이에 일어나는 병의 수술에만 관심이 있습니다." 이것은 흉부외과 외에도 심장의학이나 다른 의학 분야가 어떤 기능을 하는지를 설명해 주는 것이다.

사회, 지역사회, 가족은 어떤 문제가 일어나더라도 그에 적절한 대응조치를 해야 한다. 조직에서는 그런 모든 일을 하는 것을 '다양화' 라고 한다. 조직에서 다양화란 가지들을 뻗어나가는 것이며, 어떤 조직(기업, 노동조합, 학교, 병원, 지역사회 활동, 교회 등)이든 간에 그 실행 능력을 파괴한다.

조직은 하나의 도구다. 도구로 말할 것 같으면, 그것이 전문화된 것일수록 특수한 과업을 수행하는 능력은 더욱 커진다. 조직은 한정된 전문 분야의 지식을 가진 전문가들로 구성되어 있기 때문에, 조직의 사명은 수정같이 명확하게 한 곳에만 관심을 두어야 한다. 그렇지 않으면 조직의 구성원들은 혼란에 빠지게 된다. 조직의 구성원들은 그들의 전문지식을 일반적인 과업에 적용하는 것이 아니라 전문 분야에 적용한다. 그들은 '결과'를 전문적인 관점에서 평가할 것이다. 그들은 각자 조직에서 자신의 가치를 느낄 것이며, 오직 하나의 명확하고도 초점이 분명한 공통의 사명만이 조직을 한데 묶고 또한 조직이 성과를 낼 수 있도록 한다. 이와 같이 명확하고 초점이 분명한 사명이 없이는 조직은 곧 신뢰성을 상실하고 만다.

제2차 대전 후 '사회 속의 기독교'를 표방한 미국 개신교단에 어떤 일이 일어났는지를 알아보는 것은 좋은 예가 된다. 1900년경 미국의 개신교회들은 그들이 보유한 엄청난 자원을 급속히 산업화하는 도시 사회의 사회적 요구에 투입했는데, 몇 가지 전략은 미국 개신교회 자체만큼이나 성공하였다. 이처럼 '사회 속의 기독교'라는 것이 미국의 개신교회를 유럽의 개신교회와는 달리 주변으로 밀려나지 않게 해주었다.

그럼에도 불구하고 사회적 행동은 기독교의 사명은 아니다. 기독교의 사명은 영혼을 구원하는 것이다. 사회 속의 기독교는 너무나 성공적이었으므로 특히 제2차 대전 후부터 점점 더 '사회적 문제'에 자신을 헌신하였다. 드디어 진보적 개신교단은 기독교를 이용하여 사회개혁을 추구하고 사회적 입법을 촉진하였다. 교회는 사회적 기관이 되었으며 그들은 정치적인 일을 하였다. 그 결과 급속히 결속력과 매력을 잃었으며 신자들까지 잃게 되었다. 우리나라의 교육 분야에서도 그런 현상을 관찰할 수 있다. 전교조는 학교의 사명을 "교육을 넘어 사회적 문제 해결에까지" 확대한 결과, 많은 비판을 받고 있다.

기업의 내부에는 다만 원가밖에 없다. '이익중심점(profit center)'은 잘못된 표현이다. 기업 내에는 다만 원가중심점(cost center)뿐이다. 이익이라는 것은 고객이 제품이나 용역을 구입하고 값을 지불할 때에만 발생한다. 병원의 결과라는 것은 완치되어 집으로 되돌아가게 된 환자일 뿐이다. 학교나 대학의 결과는 졸업생들이다. 그들은 그곳에서 배운 것으로 그들의 인생을 살고 그들의 일을 하는 것이다. 군대의 결과라는 것은 군인들이 술수를 부려서 장군으로 승진하는 것이 아니라, 전쟁을 방지하고 또 더 나아가 전쟁에서 이기는 것이다. 교회의 결과는 이 지구상에 있지도 않다.

따라서 조직의 결과들은 항상 그 구성원들이 공헌한 것으로부터 멀리 떨어져 있다는 것을 의미한다. 병원에서 간호사나 물리치료사의 개별적인 공헌은 환자의 치료라는 결과와 밀접하게 연결된다. 그러나 병원의 많은 전문가들은 어떤 결과에 대해 그들이 공헌한 바를 확인할 수가 없다. 환자의 회복이나 재활에 X선기사가 기여한 몫은 어느 정도인가? 또는 병리실험을 하는 기사가 공헌하는 몫은? 또는 식이요법 담당자의 몫은 얼마쯤 될까?

대부분의 조직에서 개인이 기여한 몫은 과업 속에 완전히 삼켜지고 또한 과업 속으로 사라져버린다. 회사가 파산하고 나면 최고의 엔지니어링 부서가 무슨 소용이 있는가? 그러나 엔지니어링 부서가 최고수준이 아니거나 헌신적이지 않거나 열심히 일하지 않는다면 회사는 파산하기 쉽다. 교향악단에서는 악기연주자 개개인이 아니라 조직만이 결과를 갖는다. 다른 말로 표현하면, 조직의 개별 구성원은 조직이 결과를 산출하는 데 절대로 필요한 공헌을 한다. 그러나 누구도 혼자서는 결과를 낼 수 없다. 그래서 조직은 조직성과의 절대적 전제 조건으로서, 과업과 사명이 유리구슬과 같이 분명할 것을 요구하는 것이다.

또한 조직의 결과를 명백하고 모호하지 않게, 가능하다면 적절하게 평가할 필요가 있다. 조직은 명백하고도 사전에 공개된 비개인적 목적과 비교하여 스스로를 평가하고 비판하고 그 성과를 판단해야 한다. 이런 일은 사회나 지역사회 또는 가족은 하지 않는 것이고 할 수도 없다. 왜냐하면 사회, 지역사회, 가족의 목적은 성과의 '산출'이 아니라 '생존'이기 때문이다.

▌현대 조직의 특성과 자율성

하나의 조직에 참여한다는 것은 언제나 하나의 결정이다. 사실상 선택의 여지는 매우 적지만 말이다. 그러나 비록 구성원이 된다는 것이 선택이 아니라 강제된 것이라 하더라도 수세기 동안 유럽의 모든 나라에서는 소수의 유태인이나 집시를 빼고는 모두 기독교인이었던 것과 같이, 참가에 대한 결정이라는 허구는 유지되어 왔다. 아이가 세례를 받을 때 대부는 그 아이가 교회에 나가는 것을 자발적으로 받아들였다고 서약한다.

조직을 떠나는 것, 예를 들면 마피아나 일본의 대기업 또는 예수회(the Jesuit Order)로부터 빠져나오는 것은 매우 어려울지도 모른다. 그러나 그것은 항상 가능한 것이다. 그리고 지식근로자로 구성된 조직일수록 구성원은 조직을 떠나 다른 곳으로 옮기기가 더욱 쉬워진다.

그러므로 사회나 지역사회, 가족과는 달리 조직은 항상 자기들이 최고로 필요로 하는 자원, 즉 지적 수준이 높고 헌신적인 인간을 얻기 위해 경쟁한다. 이것은 마치 그들이 생산한 제품과 용역을 시장에 내다파는 것과 같이 조직은 구성원 자격(그것이 종업원이든 자원봉사자든, 또는 교회의 신자이든 간에)을 팔아야 한다는 것을 의미한다. 조직은 사람을 끌어들여야 하며, 그들을 붙잡아두어야 하며, 알아주고 보상을 해주어야 하며, 동기를 부여해야 하며 , 봉사하고 만족시켜야만 한다.

현대 조직은 전문지식인들로 구성된 조직이다. 지식들 사이에는 높다거나 낮다거나 하는 '서열' 이 없다. 지식의 서열은 그 고유한 우월성이나 열등성에 의한 것이 아니라, 그것이 공통의 과업에 공헌하는 정도에 의해 결정된다. 따라서 현대 조직은 '동료' 의 조직이고, '동반자' 의 조직이다. "철학은 학문의 여왕이다."라는 옛말이 있다. 그러나 신장결석을 제거하기 위해서는 논리학자가 아니라 비뇨기과 전문의를 필요로 한다. 현대의 조직은 '상사' 와 '부하' 로 구성된 조직이 될 수는 없다. 현대의 조직은 '동료' 의 집단으로서 조직되지 않으면 안 된다.

조직은 목표달성을 위해 언제나 관리(managed)된다. 관리라는 것은 일년에 서너 시간 회의나 하는 미국 교외학교의 사친회와 같이 때에 따라 간헐적으로 이뤄지기도 한다. 반면 필수적으로 꽤 많은 사람들이 모여 하루 종일 시간을 들여야 하는 경우도 있다. 예를 들면 군대, 기업, 노동조합, 대학 및 다른 많은 조직들이 그렇다.

사회, 지역사회, 가족에 '리더' 가 있듯이 조직도 그렇다. 결정을 내리는 사람, 즉 조직에는 조직의 사명, 이념, 성과, 결과에 대해 책임질 사람이 필요하다. 말하자면 교향악단처럼 조직에는 '악보' 를 지시하는 하나의 '지휘자'가 있어야만 한다. 조직에는 조직의 사명에 관심을 갖는 사람들이 있어야 하고, 전략을 수립하고 집행하는 사람이 있어야 하고, 결과를 평가하는 사람이 있어야 한다. 관리자는 이에 상당한 권한을 가져야 한다. 그러나 "지식조직에서 관리의 기능은 명령하는 것이 아니라 방향을 제시하는 것이다."

일을 할 수 있기 위해서는 조직은 자율적이어야 한다. 유럽의 대학들이나 미국의 주립대학들 또는 유럽의 병원들처럼 법적으로 그 조직은 정부기관일 수도 있으나 실제 운영에서 이런 조직들은 '그들의 고유업무'를 할 수 있어야만 한다. 만약 이 조직들이 '정부정책'만을 계속 수행할 뿐이라면, 그 조직은 임무를 중단하게 된다. 이 모든 것은 확실하다고 말할 수 있다. 이런 모든 특성들은 새로운 것이고, 진실로 조직에만 있는 독특한 사회적 현상인 것이다.

▌조직은 계속 변화하고 그것을 관리해야 한다

사회, 지역사회, 가족과 같은 것은 모두 그 자신들을 유지하고 또 보존하려는 기관들이다. 따라서 그것들은 안정을 유지하려 하고, 변화를 예방하거나 늦추려고 한다. 그러나 조직사회의 조직은 안정 파괴자이다. 왜냐하면 조직의 기능은 지식을 도구, 제조공정, 제품, 작업 자체 또는 지식 자체에다 연결시키는 것이므로 조직은 끊임없는 변화에 대응할 수 있도록 편성되어야 한다.

조직은 혁신할 수 있도록 조직되어야 한다. 슘페터가 말한 것과 같이 혁신은 '창조적 파괴'이다. 조직은 기존의 관습적이고 친숙하며 기분 좋은 그 무엇들(그것이 제품이든 서비스든 제조공정이든 인간이나 사회관계든 기술이든 조직 그 자체이든 간에)을 체계적으로 폐기할 수 있도록 설계되어야 한다. 빨리 변하고 오늘 확실한 것이 내일은 어리석은 것이 되고 마는 것이 지식의 본질이다.

지식과는 달리 기능은 천천히 그리고 이따금 변한다. 옛날 그리스 시절의 석공 하나가 오늘날 다시 태어나서 채석장에 일하러 갔다고 하자. 이때 의미 있는 변화라고는 다만 무덤 앞에 세우는 비석에 헤르메스(그리스 신화에 나오는 신들의 사자(使者)이며 나그네의 수호신)의 상징 대신 십자가를 깎는 것 정도일 것이다. 작업도구는 그때나 지금이나 매한가지다. 요즘 석공들은 손잡이에 전기 배터리를 달고 있을 뿐이다. 스페인의 옛날 상업도시 엠폴리아에서 가까운 스페니시 코스타 브라바에 있는 작은 박물관에는 기원후 2~3세기의 장인들이 사용하던 도구를 전시하고 있다. 요즘 장인들 중에 그 도구를 사용하는 데 어려움을 느끼는 사람은 아무도 없을 것이다. 그것이 2,000년 전의 도구라는 것을 알아채지도 못할 것이다. 구텐베르크(Johannes Gutenberg, 1390~1468)가 처음으로 활판 인쇄술을 발명하고 난 후로 증기기관이 발명될 때까지 400년 동안 인쇄술은 실질적으로 발달하지 않았는데, 그것은 공학의 원리가 기능(technic)에 적용될 때까지 기다려야 했기 때문이다. 과거 역사를 통틀어 보아도 5~6년간 도제수업을 거쳐 열일곱 또는 열여덟 나이에 한 분야의 기술을 터득한 장인은 평생 써먹을 수 있는 모든 것을 다 배웠던 것이다.

하지만 PCS에서는 어떤 지식을 가진 어떤 사람이라 하더라도 4~5년마다 새로운 지식을 습득해야만 하며 그렇지 않으면 도태된다고 해도 틀린 말이 아니다. 어떤 지식에 가장 심각한 영향을 미치는 변화는 인쇄술의 예에서 보듯, 일반적으로 동일 분야에서 나오지 않는다. 의약산업은 유전학과 생물학의 지식에 많은 영향을 받아 진보하고 있는데, 그런 지식들은 40년 전 제약회사 연구소에 있었던 사람들은 들어본 적이 없는 것들이다. 철도산업에 대한 가장 심각한 도전은 철도산업의 변화가 아니라 자동차산업, 트럭, 비행기 때문이었다.

사회적 혁신은 새로운 지식을 창조하고 옛것을 진부하게 하는 데 있어 새로운 과학이나 새로운 기술만큼이나 중요하다. 사실 사회적 혁신은 간혹 더욱 중요하기도 하다. 19세기의 가장 훌륭한 기관인 상업은행으로 하여금 세계적인 위기를 맞게 한 것은 컴퓨터나 다른 어떤 기술적 변화가 아니다. 그것은 오래되었지만 여태까지 그다지 중요시하지 않았던 금융수단인 상업어음을 이용하여 비은행 금융기관들이 기업에 자금을 공급하면서부터였다. 이것은 200년 이상이나 은행이 독점적으로 맡아온 업무이며 은행수입의 대부분을 제공해준 업무인 상업대출을 은행으로부터 빼앗아버린 것이었다. 아마도 지난 40년 동안 있었던 가장 큰 변화는 의도적 혁신으로서 그 스스로 가르칠 수 있고 또 배울 수 있는 조직된 원리가 되었다는 사실이다.

지식에 근거한 빠른 변화는 기업에만 국한하지 않는다. 노동조합이 계속 생존하려면 역시 빨리 변해야 한다. 제2차 대전 이후 지난 50년 동안 군대보다 더 변한 것은 없다. 비록 군복이나 계급은 그대로지만 말이다. 1991년 이라크전쟁이 보여준 것과 같이 무기는 완전히 변했고, 군대의 강령이나 작전 개념 또한 달라졌다. 군대의 조직구조, 명령체계 그리고 관계와 책임도 달라졌다.

오늘날의 모든 조직은 그 조직구조 자체에 변화의 관리를 짜 넣어야 한다. 조직이 하고 있는 모든 것을 조직적으로 폐기할 수 있도록 만들어야 한다. 조직은 몇 년마다 모든 제조공정, 제품, 절차, 정책에 대해 다시 검토하는 것을 배워야 한다.

"우리가 여태껏 하지 않고 있었던 어떤 것을 지금 알게 되었다면 지금 해야 할 것인가?"라고 질문했을 때 대답이 "아니오."라면, 조직은 다시 "그러면 우리는 지금 무엇을 해야 하는가?"라고 자문해 보아야 한다. 조직은 무슨 조치를 취해야 하는 것이지 또 다른 연구만 결정해서는 안 된다. 사실 조직은 성공적인 정책, 관습 또는 제품의 수명을 가능한 한 연장하려고 노력하기보다는 차라리 더 많이 폐기하는 것을 계획해야 할 것이다.

그러나 새로운 것을 창조한다는 것 역시 조직에 포함되어야 한다. 구체적으로 말하면, 모든 조직은 그 조직구조라고 하는 틀에다가 세 가지의 체계적인 관습을 짜 넣어야 한다.

첫째, 조직은 조직이 하는 모든 것에 대해, 일본인들이 말하는 카이젠(kaizen, 改善)이라는 것과 같이 끊임없이 개선(improvement)해야 한다. 역사적으로도 모든 예술가는 개선을 습관화하였는데, 그것은 조직된 끊임없는 자기 개선이다. 그러나 지금까지는 단지 일본인들만(아마도 선(禪)의 전통 때문이겠지만) 카이젠을 일상화하였으며 기업조직 운영에 적용하고 있다. 개선이 추구하는 것은 제품이나 용역을 개선하여 2~3년 내에 실제로 다른 제품과 용역을 만들어내는 것이다.

둘째, 모든 조직은 개발(development)하는 것을 배워야 한다. 말하자면, 한 분야에서 성공한 것을 새로운 분야에 적용하도록 해야 한다는 것이다. 지금까지 일본기업들은 이런 일을 가장 잘 해냈는데, 예를 들면 미국이 처음으로 발명한 테이프 레코드를 바탕으로 일본의 가전제품 메이커들이 계속적으로 개발해낸 새로운 제품들을 살펴보면 알 수 있다. 성공한 것을 한층 더 성공적으로 개발한 예는, 미국의 목회중심 교회(pastoral church)이다. 목회중심 교회의 빠른 성장은 전통적인 '사회 속의 기독교 교회'와 전통적 근본주의 교회가 끊임없이 쇠퇴하는 것을 보상하기 시작하였다.

마지막으로 모든 조직은 혁신(innovation)하는 것을 배워야 한다. 그리고 혁신은 체계적 과정으로 조직될 수 있으며 또한 그렇게 조직되어야 한다. 그런 후 물론 조직은 다시 그것을 폐기하며, 그러한 과정을 다시 반복한다. 이렇게 하지 않으면 지식에 근거한 PCS의 조직은 조만간 진부해진 자기 자신을 발견하게 될 것이고, 조직의 수행능력을 잃고 말 것이다. 수행능력이라는 것은 조직이 의존해야 하는 지식 전문가들을 끌어들이고 붙잡아둘 수 있는 능력이다.

▌지식 조직의 모델로서의 교향악단

현대 조직의 전형적인 모습은 교향악단이다. 교향악단을 구성하는 250명이나 되는 음악가들은 모두 전문가이고, 최고의 수준을 갖춘 음악인들이다. 그러나 바이올리니스트나 플루티스트, 금관악기 연주자 한 명만으로는 음악을 만들지 못하며 오직 교향악단만이 음악을 만든다. 교향악단이 연주할 수 있는 것은 250명이나 되는 음악가들이 같은 악보를 갖고 있기 때문이다. 그들 모두는 공통의 과업을 위해 그들의 전문적 기능을 순응시킨다. 그리고 그들은 모두 정해진 때에 오직 악보의 한 부분만을 연주한다.

조직의 결과는 항상 대외적으로 나타난다. 교향악단이 자체적으로 즐기기 위해 존재하는 것이 아닌 것처럼 모든 조직은 조직 바깥으로 결과를 산출하기 위해 존재한다. 반면 사회, 지역사회, 가족과 같은 것은 독립적이고 자급자족한다. 그들은 자기 자신을 위해 존재한다.

조직 사회의 CEO의 직무는 매우 복잡한 조직인 오페라단을 운영하는 일과 닮았다. 스타에 해당하는 주역급 가수들에게는 오페라단장이 명령을 내릴 수가 없다. 조연급 가수들이 있고, 반주를 맡는 오케스트라가 있고, 그리고 무대 뒤에서 일하는 사람들도 있다. 게다가 청중들도 있다. 각 집단은 전혀 다른 성격이지만 오케스트라 지휘자가 악보를 갖고 있듯이 다른 사람들도 같은 악보를 갖고 있다. 오페라단 경영을 맡고 있는 CEO는 각각의 집단들이 결과를 생산하는 일에 집중하도록 해야 한다. 이 점이 바로 미래의 CEO의 직무를 이해하는 한 핵심이다.

▌영구조직으로서의 지식 조직

오늘날의 조직은 지식 조직(knowledge organization)이다. 지식 조직은 수백 개 또는 수천 개의 전문화된 지식을 생산적으로 활용하기 위해 존재한다. 그런 점은 대략 30가지 이상의 건강관리 전문가들로 구성된 병원에도 해당된다. 각각의 전문가들은 고유한 과목들을 배웠고 고유한 자격이 있고 고유한 직업 강령과 표준을 갖고 있다. 그런 점은 오늘날의 기업과 정부기관에도 해당되며 오늘날의 군대에도 점점 더 해당되고 있다. 그런 조직들 각각에는 수많은 사람들이 육체작업을 하기 위해서가 아닌 지식작업을 하기 위해 고용되어 있다.

쿠프왕(Cheops, BC 2575~2465경, 기자의 대 피라미드를 건설한 이집트의 왕) 휘하의 건설 감독자들이 큰 소리로 내지르는 명령에 맞춰 밧줄을 끌었던 이집트의 농부들은 아무 생각도 하지 않았으며, 그들이 솔선해서 무엇을 하기를 기대하는 사람도 없었다. 오늘날 대규모 조직의 전형적인 종업원은 자신의 머리를 써서 의사결정을 하도록 하고, 그 일에 대한 책임을 지고 지식을 투입하도록 요청받고 있다.

하지만 어쩌면 더 중요한 것은 오늘날의 지식 조직은 영구적으로 존재하도록 설계되어 있다는 점이다. 과거의 모든 대규모 조직은 수명이 짧았다. 그것들은 하나의 구체적인 임무를 띠고 설립되었고, 그 임무가 완수되면 해체되었다. 고대 피라미드 건설 현장, 중세 고딕식 교회를 건설하는 길드 등이 그 예다. 그것들은 임시적이었으며 분명 예외적 존재였다. 과거 사회의 대다수 사람들은 조직들로부터 영향을 받지 않았다. 하지만 오늘날 거의 대다수 사람들은 생계유지를 위해, 기회를 잡기 위해, 그리고 일을 위해 조직에 의존하고 있다. 대규모 조직은 현대사회에 있어 인간에게 영향을 주는 하나의 환경이 되었다.

조직은 또한 오늘날 여러 기회들의 원천이다. 교육받은 사람들에게 일거리를 제공할 수 있는 것은 그런 기관들이 있기 때문이다. 지식 조직들이 없이는 우리는 과거에 항상 그랬던 것처럼 교육을 받지 않은 사람을 위한 일자리, 즉 숙련자든 미숙련자든 그들의 손으로 일하는 사람들을 위한 일거리밖에 제공할 수 없다. 지식 일자리는 오직 영구적 지식 조직이 일반화되었기 때문에 존재한다.

동시에 현대 조직은 또한 새로운 문제들도 만들어낸다. 무엇보다도 사람들에게 명령을 내리는 권한의 문제이다. 왜냐하면 어떤 일을 수행하려면 권한이 필요하기 때문이다. 그것은 어떤 것이어야 하는가? 무엇이 합법적인가? 한계는 무엇인가? 게다가 각각의 조직의 목적, 임무 그리고 목표달성 능력과 관련된 문제들도 있다.

경영과 관련된 문제도 있다. 조직 그 자체는 모든 집단과 마찬가지로 법적 의제기관, 즉 의제법인(擬制法人)이기 때문이다. 조직에서 의사결정을 내리고 행동을 하는 사람은 개인들이고, 그의 행동은 그것이 미국이든 GE든 또는 미제리코디아 병원이든 간에 그 기관이 한 것으로 간주된다. 조직에는 명령 관련 문제와 도덕성 관련 문제가 있다. 효율성의 문제도 있고 또한 인간관계의 문제도 있다. 그리고 그런 문제들을 해결하는 데 과거의 전통은 그다지 도움이 되지 않는다.

결과를 산출하기 위해 다양한 지식들을 결합하는 영구적 조직은 새로운 현상이다. 조직이 예외적 존재가 아니라 일반적 존재가 되었다는 것도 새로운 현상이다. 그리고 오늘날 사회는 조직들로 구성된, 즉 조직사회가 되었다는 것이 그 가운데서도 가장 새로운 현상이다. 그러므로 긴급하게 필요한 것은 조직들에 관한 이론, 즉 조직 이론이다. 조직들로 구성된 사회에 관한 이론은 조직들 사이에 상호의존성이라는 개념 위에 성립되어야 할 것이다. '조직들의 상호의존성'은 지금까지 우리가 이 용어를 사용하면서 뜻했던 어떤 것과도 다르다.

"사회 속의 인간은 섬이 아니다."라는 사실은 물론 새로운 발견이 아니다. 은둔자를 포함하여 우리들 모두가 각자의 삶을 살아갈 수 있는 것은, 다른 많은 사람들이 서로를 위해 각자의 일을 수행할 것이라는 점을 의심 없이 받아들이기 때문이다.

물리적 상호의존성은, 사람들이 '상호의존성'에 대해 생각할 때 일반적으로 마음속에 떠올리는 바로 그것이다. 그리고 물론 이런 종류의 전통적 상호의존성은 훨씬 더 명백해졌다. 무엇보다 거대도시는 각각의 서비스가 도시 전체의 기능과 공동체의 각 구성원 존재 그 자체에 절대적으로 필요한, 상호작용하고 상호의존하는 많은 서비스들로 구성된 우주다.

그러나 조직들 사이의 새로운 다원주의는 일차적으로 물리적인 것이 아니다. 주요 조직들은 자신들이 수행하는 기능으로 성취한 그 성과를 서로 제공하게 된다. 각각의 조직은 다른 조직들을 자신의 임무를 수행하는 데 필요한 대리인으로 활용하게 된다. 조직의 기능들은 우리가 일찍이 경험하지 못했을 정도로 서로 얽혀 있다. 조직의 역할은 급변하고 있다. 오늘 어떤 조직이 수행하기로 되어 있던 일을 내일은 다른 조직이 그 일을 맡을 수도 있다.

▎사라진 공장 공동체

현대 조직은 지역사회에 대해 새로운 긴장을 야기한다. 조직은 지역사회 내에서 활동한다. 조직의 구성원들은 지역사회 내에서 살고, 같은 말을 쓰며, 아이들을 그곳의 학교에 보내고, 투표도 하고, 세금도 그곳에서 낸다. 그들의 결과는 지역사회 안에 있다. 그렇지만 조직은 지역사회 속으로 조직을 빠져들게 하거나 지역사회에 조직을 복종시킬 수는 없다. '조직의 문화'는 지역사회를 초월한다.

인류학자 에드워드 홀(Edward T. Hall, 1914~2009)이 1959년 《조용한 언어(The silent language)》에서 지적했듯이, 모든 사회에서 중요한 의사소통은 말이 아니라 문화적으로 한다. 사람들이 서 있는 방법, 움직이는 방법, 행동하는 방법 등과 같은 것으로 말이다. 독일인 의사가 환자에게 메시지를 전달할 때는 영국이나 미국 또는 일본인 의사가 사용하는 것과는 다른 신호방법을 쓴다고 홀은 말한다.

아무리 유교적 전통이 강조되는 향토사회라고 해도 특정 질병 전문병원의 의료진과 스태프들은 장유유서나 연공서열을 기초로 운영할 수는 없다. 이와 같이 조직의 문화를 결정하는 것은 그 속에서 과업이 수행되고 있는 장소인 지역사회가 아니라 과업의 성격이다. 각 조직의 가치체계는 그 과업에 의해 결정된다. 이 세상의 모든 병원, 학교, 기업은 그들이 하는 일 자체가 그 지역사회와 일반사회에 대한 필수적인 공헌이라는 것을 알아야 한다. 요컨대 지역사회의 모든 것들은 지역사회에 있는 여러 다른 조직들의 공헌에 의존한다. 조직이 그 과업을 수행하기 위해서는 조직되어야 하고 같은 방법으로 관리되어야 한다. 이렇게 하여 조직은 그 문화면에서는 항상 지역사회를 초월하는 것이다. 만약 조직의 문화가 조직이 존재하는 지역사회의 가치와 충돌한다면 조직의 문화가 승리할 것이다. 그렇지 않으면 조직은 그 사회적 공헌을 할 수 없기 때문이다.

"지식은 경계를 모른다."라는 옛날 속담이 있다. 그러나 아직 '범국제적' 조직은 별로 없고, '다국적' 조직도 그렇게 많지는 않다. 그러나 모든 지식조직은 필연적으로 비국가적이고 비지역사회적이다. 완전히 지역사회에 밀착되어 있다 하더라도 지식조직은 '뿌리 없는 세계주의자' 다.

지역사회의 재건도 응당 필요하다. 전통적인 지역사회는 더 이상

충분한 결속능력을 갖고 있지 않다. 왜냐하면 전통적인 지역사회는 구성원들이 공통적으로 갖고 있는 어떤 것 때문이 아니라 필요에 의해 결속되는 것인데, 지식의 증가로 인한 개인의 이동성을 감당할 수 없기 때문이다.

과거 드러커는 공동체란 작업하는 장소에서 형성되리라고 믿었다. 드러커는 《산업인의 미래》(1942), 《뉴 소사이어티》(1950), 《경영의 실제》(1954)에서 공장 공동체를 개인에게 지위와 기능 그리고 자율적 책임을 부여하는 장소로 묘사하였다. 일본 사람들은 이것을 어느 정도 인식했다.

그러나 일본에서도 공장 공동체는 오래가지 않을 것 같다. 적어도 지식근로자들에게는 말이다. 일본의 공장 공동체는 소속감으로 묶인 것이 아니라 두려움에 근거하고 있다는 것이 점차 확실해졌다. 일본의 연공급 임금제도를 실시하는 대기업의 근로자가 30세가 넘어서 직장을 잃게 되면 그는 실질적으로 남은 평생 실업자로 살게 된다. 그러나 이런 것도 일본이 심각한 일자리 부족현상(1960년까지는 그랬었다)에서부터 노동력이 부족한 상태로 바뀌자 급속도로 사라졌다.

서구에서는 공장 공동체가 뿌리를 내린 적이 없다. 영국의 사회주의자인 로버트 오언(Robert Owen, 1771~1858)이 시도한 적은 있지만 말이다. 드러커는 아직도 종업원들에게 최대한 자기통제와 책임을 지워줄 수 있다고 굳게 믿고 있다. 이것이 드러커가 공장 공동체를 옹호하는 기저의 생각이다.

지식에 기초한 조직은 책임에 기초한 조직이 되어야만 한다. 그러나 개인, 특히 지식근로자는 사회생활을 의미 있게 할 수 있고 인간

관계를 유지할 수 있는 활동, 즉 직장에서의 전문적인 직무 이외에 다른 활동을 할 수 있는 장소를 필요로 한다. 이것은 지역사회 또는 공동체를 필요로 한다는 말이다.

▌시민 자원봉사자

이와 같은 욕구가 채워질 수 있는 곳이 바로 사회 부문이다. 그곳에서 사람들은 공헌할 수 있고 책임을 맡을 수 있다. 사람들은 뭔가 다른 역할, 즉 '자원봉사자'의 활동을 의미하며, 이미 미국에서 전개되고 있다.

대부분의 선진국에서는 자원봉사 활동의 전통은 복지국가에 의해 말살되어 버렸다. 예를 들면 일본에서는 사찰들과 신사들은 그 지방의 자원봉사자들이 솔선 참여하여 활발한 지역활동을 펴는 중심지 역할을 하였다. 1867년의 메이지유신은 종교를 정부의 기능 안에 통합시킴으로써 일본을 '서구화' 하였다. 명치유신에 의해 왕정복고가 이뤄지고 새 정부를 수립하고 봉건제도를 폐지하였으나, 한편으로는 천황을 신격화하고 국가신도주의(國家神道主義)를 추구하게 되었다. 그리고 자원봉사자들과 사찰공동체 활동은 곧 사라져버렸다.

영국에서 '자선'은 19세기 내내 지역사회의 봉사활동이었으며 잘사는 사람들의 책임으로 간주되었다. 그러나 1890년 이후 정부가 사회의 지배자라는 신념이 확산되자, 자선활동은 거의 사라져버렸다. 1878년 영국에서 창설된 구세군은 빅토리아 시대에 번창하던 지역봉사활동 문화 가운데 지금까지 살아남은 한 예다. 프랑스에서는 나폴레옹 이후 정부에 의해 조직되지 않았거나 통제권 밖에 있는 모든 공동체 활동은 감시를 받았으며, 파괴분자로 간주되었다.

미국의 경우는 이와는 달리 미국교회의 다양한 교파들, 지방자치의 강조(주와 카운티와 시), 그리고 개척 당시부터 고립된 생활을 한 정착민들의 공동체 전통 등이 미국인들의 사회활동을 정치화하거나 집중화하는 것을 늦추었다.

결과적으로, 지금 미국은 거의 100만 개에 가까운 비영리기관들이 사회 부문에서 활동하고 있다. 그것을 돈으로 계산하면 GNP의 10분의 1과 맞먹는다. 모금한 총액의 4분의 1은 일반 대중으로부터 기부받는 것이고, 4분의 1은 의료보호 활동과 같은 특정한 사업에 대한 정부 보조금, 나머지는 봉사활동의 대가로 구성된다. 이 봉사활동의 예를 들면 사립대학교에 다니는 학생들이 내는 등록금 또는 모든 미국의 박물관에서 볼 수 있는 '예술품 가게' 같은 곳에서 남기는 이익금 등으로 구성된다.

비영리기관들은 미국의 최대 고용자가 되었다. 미국의 성인 둘 중 하나는 적어도 일주일에 세 시간씩 '무보수 스태프' 처럼 일을 한다. 말하자면 비영리기관의 자원봉사자들은 교회나 병원을 위해, 의료보호기관에서, 적십자 보이스카우트 또는 걸스카우트와 같은 지역사회 활동, 구세군 또는 금주 단체와 같은 재활 활동, 구타당한 아내를 위한 보호소의 운영, 그리고 슬럼가의 흑인 청소년을 위한 교육활동 등이 그 예다. 2000년 또는 2010년까지는 이런 '무보수 스태프' 처럼 활동하는 사람들의 숫자가 무려 1억 2000만 명으로 증가할 것이고 그들의 평균 봉사활동 시간도 주당 5시간으로 늘어날 것이다.

자원봉사자들은 이제 더 이상 '돕는 자들' 이 아니다. 그들은 '동반자들’이 되었다. 미국의 비영리 조직들도 보수를 받는 직업적 관리자들을 점차 많이 고용하고 있다. 그러나 경영관리팀의 나머지 부문에는 자원봉사자들이 더 많이 활동을 하고 있다. 이들이 점차 비영리 조직을 운영하는 형세다.

다른 사회들 또는 다른 나라들은 확실히 사회 부문을 다른 모습으로 만들 것이다. 예컨대 미국의 기독교는 여전히 주역을 맡고 있지만 서구 유럽의 교회들은 중심 역할을 수행하지 않을 것 같다. 직장 공동체의 구성원 자격은 일본에서는 지역사회의 중심적 관심사로 남아 있을 것이며, 그리고 지역사회 구성원 자격을 표시하는 가슴에 달린 휘장은 직장에서, 특히 간부가 아닌 사람들에게는 중요한 것이다. 그러나 모든 선진국은 자발적이고 자기 통치적인 지역사회 조직들로 구성된 사회 부문을 발전시킬 필요가 있다. 선진국은 지역사회가 필요로 하는 활동을 제공하기 위해서라도 이런 활동이 필요하다. 무엇보다도 지역사회의 유대를 맺어주고 적극적인 시민정신을 회복시키기 위해서도 더욱 필요하다. 역사적으로 지역사회는 어쩔 수 없는 운명적인 장소였다. 자본주의 이후 사회, 그리고 그 정치체제에 있어서는 지역사회는 참여하고 몰입해야 하는 장소다.

chapter 15

지식사회

▌ 히틀러, 루스벨트, 테일러

1941년 12월, 히틀러가 대미 선전포고를 하게 된 배경에는 두 가지 이유가 있었다. 첫째, 미국이 전통적인 고립주의를 버리지 않는 한 참전하기 어려운 상황에서 미국 의회가 이에 동의하지 않는 입장이었기 때문이다.(미국은 제1차 대전과 제2차 대전 모두 국민들의 여론을 살펴가며 뒤늦게 참전했다). 둘째, 미국이 참전하기 위해서는 병력을 수송할 대규모의 수송선들이 필요한데, 당시 미국은 상선을 거의 갖고 있지 않았으며 상선을 호위할 구축함도 몇 대 없었다. 더욱이 현대전에서 필요로 하는 대량의 정밀 렌즈를 제조할 숙련된 렌즈공이 없었다. 히틀러의 분석은 옳았다.

1776년 《국부론》에서 애덤 스미스(Adam Smith, 1723~90)는 한 나라 또는 어떤 지역이 높은 품질의 제품을 생산하는 기술을 습득하는 데는 최소 50년, 넉넉하게는 백 년 정도의 경험이 필요하다는 사실을 인정했다. 1840년경, 독일인 아우구스트 보르지크(August Borsig, 1804~1854)는 현대 독일에 아직도 그대로 남아 있는, 독일식 도제제도를 창안하였는데 도제수업 기간은 대략 3년에서 5년 정도 걸렸다.

미국의 초대 대통령 조지 워싱턴(George Washington, 1732~1799)과 토머스 제퍼슨 등 건국의 아버지들은 고립주의(isolationism)를 지향했는데, 그것은 유럽 여러 나라의 분쟁에 휘말리지 않고 평화를 향유하겠다는 미국인의 열망을 나타내는 것이었다. 1823년 12월 2일 제5대 제임스 먼로(James Monroe, 1758~1831) 대통령은 의회 연두교서에서, 유럽과 신대륙은 서로 다른 정치체제를 가지고 있으므로 별개의 지역으로 남아야 한다고 고립주의를 재확인했다. 미국은 고립정책을 추구하면서 군비증강 대신 국내의 발전에 자원을 집중적으로 투입할 수 있었다.

그러나 히틀러가 생각하지 못한 두 가지 요소가 있었다. 첫째, 처칠(Winston Churchill, 1874~1965)과 루스벨트(Franklin Roosevelt, 1882~1945)의 리더십을 무시했다. 둘째, 프레더릭 테일러(Frederick W. Taylor, 1856~1915)의 과학적 관리법(Scientific Management)이 지닌 위력을 간과했다.

1939년 히틀러가 유럽을 유린하자 루스벨트는 군수물자를 영국에 이전할 수 있게 하는 무기대여법을 통과시키기 위해 당시 고립주의 성향이 강했던 하원을 상대로 다소 의도적으로 진실을 감추었다. 1941년 초 하원은 단 한 표 차로 무기대여법을 승인했다. 그리고 1941년 12월 7일 일본이 진주만을 침공했을 때도 루스벨트와 처칠은 "잘 됐어."라는 통화를 했다. 참전 명분을 얻은 것이다. 극작가 아서 밀러(Arthur Miller, 1915~2005)는 루스벨트에 대해 다음과 같이 기술했다. "사실상 우리 인류는 루스벨트의 거짓말에 큰 빚을 지고 있다."

제2차 대전에 참전한 미국은 단순 노동자들을 수개월 만에 '일류 기술자'로 만들었다. 미국은 기존의 공장을 군수공장으로 전환하고, 시골에서 농사짓던 기술 없는 노동자들을 테일러식으로 훈련시켜 60~90일 만에 일급의 용접공 또는 조선공으로 만들었고, 작업분석과 과업연구를 통해 과거 독일이 생산했던 것보다 더 나은 품질의 렌즈를 만들었다.

▌지식사회의 인프라와 지식혁명

지식사회의 두 가지 인프라는 고등교육을 받은 지식근로자와 컴퓨터와 인터넷의 보급이다. 고등교육이 보편화된 것은 1944년 미국에서 제대군인 원호법이 통과된 다음부터다. 제2차 대전을 치르고 귀환하여 실업자 처지가 된 제대군인들에게 고등교육을 받게 한 데서 출발한 것이다.

지식은 오늘날 유일하게 의미 있는 자원이다. 물론 전통적인 생산요소들인 토지(즉 천연자원), 노동, 자본은 사라지지 않았으나 그것들은 부차적인 것이 되었다. 그것들은 지식만 있다면 쉽게 얻을 수 있는 것이다. 새로운 의미의 지식은 실용성으로서의 지식이고, 사회적 지위와 경제적 성과를 얻을 수 있는 수단으로서의 지식이다.

오늘날 지식과 지식을 결합하는 지식혁명이 일어나고 있다. 지식은 또한 어떤 새로운 지식을 필요로 하는가, 그 지식이 적당한가, 그리고 지식이 효과를 내기 위해서는 무엇을 해야 하는가를 결정하기 위해 체계적이고도 의도적으로 적용되고 있는 중이다. 다른 말로 표현하면, 지식은 '체계적 혁신'에 적용되고 있는 중이다.

드러커는 이런 식의 지식 패러다임의 변화를 지식혁명 또는 경영혁명으로 표현했다. 지식의 역동성에 관한 두 개의 전 단계, 즉 지식을 기계에 적용한 지식을 첫 번째 단계(산업혁명)와 지식을 도구, 제조공정, 제품에 적용한 두 번째 단계(노동생산성혁명)와 마찬가지로 지식혁명은 온 지구를 휩쓸고 있다. 산업혁명이 지배적으로 그리고 세계적으로 전파되는 데는 18세기 중엽~19세기 중엽까지 100년이나 걸렸다. 생산성혁명이 지배적으로 그리고 세계적으로 보급되는 데는, 1880~제2차 대전이 끝날 때까지 70년이나 걸렸다. 경영혁명이 지배적으로 그리고 세계적으로 파급되는 데는 1945년~1990년까지 50년이 채 걸리지 않았다.

▌지식사회의 경영자

경영이 이처럼 빠르게 확산되면서, 실질적으로 경영이란 무엇인가 하는 질문에 대한 해답이 달라지고 있다. 제2차 대전 직후 경영자란 "부하들의 과업에 책임을 지는 사람"이라고 정의되었다. 다른 말로 경영자란 보스(boss)였으며, 경영을 한다는 것은 지위와 권력을 행사하는 것이었다. 이것은 지금도 대부분 사람들이 생각하는 정의일 것이다.

　그러나 1950년대 초에는, 경영자란 "다른 사람들의 성과에 책임을 지는 사람"이라고 바뀌었다. 지금에 비추면 이 정의 또한 편협한 것이었다. 올바른 정의는 "경영자란 지식의 적용과 성과에 책임을 지는 사람"이다. 성과와 결과를 생산하기 위해 기존의 지식을 어떻게 잘 적용할 것인가를 결정하기 위해 지식을 공급하는 것이 사실상 우리가 말하는 경영이다.

　경영자의 정의에 대한 이런 변화가 의미하는 것은 현재 우리는 지식을 필수적인 자원으로 간주한다는 것이다. 토지, 노동, 자본은 이제 제약요소에 지나지 않는다. 물론 그것들 없이는 지식은 아무 것도 생산하지 못하며 경영 또한 아무 성과도 낼 수 없다. 하지만 지식을 지식에 적용하는, 즉 효과적인 경영이 있으면 우리는 언제나 다른 자원들을 얻을 수 있다. 자본이 주요 생산요소인 사회를 자본주의 사회라고 부른다면 지식이 주요 생산요소인 사회를 드러커는 지식사회라고 명명했다.

▮ 지식사회에서 지식의 의미

전통적 지식은 일반적 교양적 지식이었다. 우리가 지금 지식이라고 간주하는 것은 전문적 지식이다. 과거 교육받은 사람은 세상사와 인간의 삶에 대해 두루 넓게 아는 교양인이었다. 그러나 그들은 어떤 특수한 하나의 일을 제대로 할 수 있을 만큼 충분히 알지는 못했다.

　"당신은 저녁식사에 교육받은 사람을 손님으로 초대하고 싶을 것이다. 그러나 어떤 작업을 할 줄 아는 사람이 필요하다면 당신은 교육받은 사람을 원하지 않을 것이다."

마크 트웨인(Mark Twain, 1883 ~ 1910)의 소설 《킹 아서 정원의 커네티커트 양키(A Connecticut Yankee in King Arthur's Court)》(1889)에 나오는 주인공은 교육받은 사람이 아니었다. 그는 라틴어도 그리스어도 몰랐고, 아마 셰익스피어를 한 번도 읽은 적이 없었을 것이고, 성경조차도 읽지 않았다. 그러나 그는 기계에 관한 것은 무엇이든 할 줄 알았다. 전기를 발전시키는 것을 포함하여 전화를 가설하는 것까지 알고 있었다.

우리가 지금 지식이라고 규정하는 지식은 행동으로써 증명한다. 그것은 행동을 하는 데 효과가 있는 정보이자 결과에 초점을 맞춘 정보다. 결과라는 것은 개인의 내면이 아니라 바깥쪽으로 드러나며, 사회적으로 경제적으로 나타나며, 또는 지식 그 자체의 진보로 나타난다. 어떤 것을 성취하려면 그 지식은 매우 전문화되어야만 한다. 이것이 바로 전통적인 지식, 즉 고대에서 시작하여 지금까지도 여전히 남아 있는 '인문교육(liberal studies)'이 그 지위를 기술이나 기능에 자리를 물려주게 된 이유다.

과거에 기술이나 기능은 배울 수도 없고 가르칠 수도 없었다. 뿐만 아니라 그것은 전혀 일반적인 원리를 내포하지 않았다. 그것은 학습이라기보다는 경험이었으며, 학교교육이라기보다는 도제훈련이었다. 그러나 오늘날 우리는 이런 전문화된 지식을 더 이상 장인기술(crafts)이라고 부르지 않으며 원리(principles)라고 부른다. 이것은 지적 역사에 있어 기록된 어떤 것과도 견줄 수 있는 큰 변화다. 교양적 지식에서 전문적 지식으로의 이전은 지식으로 하여금 새로운 사회를 창조할 힘을 부여하였다.

▌지식사회의 특성

드러커는 《넥스트 소사이어티(Next Society)》(2002)에서 '다음 사회의 모습'을 다음과 같이 묘사하고 있다. 물론 드러커는 예언이나 예측이라는 말을 쓰지 않았지만, 이미 일어난 어쩔 수 없는 작은 변화들(장기적 추세를 보이는 증후들)을 파악하여 앞날을 제시했다.

"다음 사회는 지식사회일 것이다. 지식이 지식사회의 핵심 자원일 것이고, 지식근로자가 노동력 가운데 지배적 집단이 될 것이다. 지식사회의 세 가지 주요 특성들은 다음과 같을 것이다. 첫째, 국경이 없다. 왜냐하면 지식은 돈보다 훨씬 더 쉽게 돌아다니기 때문이다. 둘째, 상승 이동이 쉬워진다. 누구나 손쉽게 정규 교육을 받을 수 있기 때문이다. 셋째, 성공뿐만 아니라 실패할 가능성도 높다. 어떤 사람도 '생산 수단들'을, 즉 어떤 직무의 수행에 필요한 지식을 획득하고 휴대하여 자신의 지식과 능력을 필요로 하는 곳이면 전 세계 어디든지 접근하고 소속하거나 또는 아웃소싱 업무를 하청받을 수 있기 때문에 누구도 성공할 수 있는 사회가 된다. 그렇다고 해서 모두가 승리할 수는 없다."

이런 세 가지 특성들이 상승 작용하여 지식사회를 고도의 정보사회로 만들 터인데, 그 점은 조직에도 개인들에게도 마찬가지일 것이다. 정보기술은 다음 사회의 많은 새로운 특성들 가운데 하나에 지나지 않겠지만 이미 엄청나게 큰 영향을 끼치고 있다. 정보기술은 지식이 거의 즉각적으로 퍼져나갈 있도록 해주고, 모든 사람이 접근할 수 있도록 해준다. 정보 확산의 용이성과 속도를 감안하면 지식사회의 모든 기관들, 즉 기업뿐만 아니라 학교, 대학, 병원, 정부기관들은 자신들만의 지역과 시장에서 계속 활동하겠지만 점차 전 지구적 차원의 경쟁력을 갖추어야만 할 것이다. 그 이유는 인터넷이 세상 어디에 있든 물건이나 지식을 찾아내고 그것을 얼마에 구입할 수 있는지 모든 사람들에게 정보를 제공해 주기 때문이다.

지식혁명은 두 가지 중요한 속성들이 있다. 하나는 생산요소가 지식이라는 것이고, 다른 하나는 그 전의 두 혁명들(산업혁명, 노동생산성혁명)과는 달리 지식 확산에는 (산업혁명에 대한 러다이트운동과 공산당 선언, 생산성혁명에 대한 노동조합의 저항과 자본가의 매도와 같은) 저항도 없고 규제도 없다는 것이다. 달리 말해, 지식혁명은 "피를 흘리지 않는 혁명"이다. 고도 정보사회에서는 정부마저도 정보의 확산을 막을 수 없기 때문이다.

▌시대의 종말을 알리는 시그널

1919년 8월 11일, 미국의 철강왕 앤드류 카네기(Andrew Carnegie, 1835~1919)가 세상을 떠났다. 카네기의 삶과 죽음의 의미는 아일랜드에서 이민 온 적수공권의 한 젊은이가 큰 재산을 이루었다는 데 있지 않았다. 그 당시나 지금이나 사람들은 돈은 좋아하되 부자는 싫어한다. 더욱이 19세기말과 20세기 초 미국은 소위 도둑 귀족들(robber barons)이 불법적으로 재산을 모을 때였던 것이다. 말년에 접어든 카네기는 유에스 스틸(USS)의 지분을 모두 팔고 여생을 학교와 도서관을 짓는 등 장학사업으로 보냈다. 그는 죽기 전에 다음과 같은 말을 했다고 한다. "사업가는 돈을 버는 시기와 돈을 쓰는 시기가 있다. 부자인 채 죽는 것은 부끄러운 일이다." 카네기의 죽음과 함께 자본주의 사회에 부(富)의 사회환원이 시작된 것이다.

1937년 5월 23일, 존 D. 록펠러(John D. Rockefeller, 1839~1937)가 98세의 나이로 천수를 누리고 죽었다. 석유왕 록펠러는 19세기 말 미국 전역의 군소 정유업자들을 합병, 소위 스탠더드 트러스트를 만들어 역사상 최고 갑부가 되었다. 록펠러 역시 여생을 부의 사회환원 활동으로 보냈다. 그러나 그의 죽음은 다르게 기억된다. 그와 더불어 독점의 시대가 종말을 맞은 것이다.

1961년 9월 26일, 미국의 기업계와 정부에서 뛰어난 업적을 남긴 찰스 윌슨(Charles E. Wilson, 1890~1961)이 세상을 떠났다. 윌슨은 1945년에서 1950년 사이 GM의 사장을 지냈으며, 아이젠하워 대통령 시절에 국방장관(1953~57)에 임명되었다. 그는 인준 청문회에서 "GM에 좋은 것은 미국에도 좋다. 그 역도 마찬가지다."라는 유명한 말을 했다. 그 후 지속된 냉전 시기 동안 미국의 군산복합체는 세계의 산업계를 지배했다. 그러나 탈냉전과 글로벌 경제는 국가와 경제의 분리를 초래했다. 그것도 미국이 가장 앞서 추진했다. 따라서 윌슨의 죽음은 또 한 시대의 종말을 고하는 것이었다. 국가가 기업을 보호하던 시대에 종지부를 찍은 것이다.

2001년 3월 22일 정주영(1915~2001) 현대그룹 회장이 세상을 떠났다. 그의 죽음 역시 청운의 꿈을 펼친 가난한 청년, 재벌 총수, 우리나라 산업화의 주역 등으로만 기억되어서는 안 된다. 그의 근면성과 추진력, 사업적 혜안과 인간미 등 개인적 특성과 능력에도 불구하고 그의 기업가적 성공은 한국의 시대적 상황이 만들어낸 것이다. 1960년대 초 이후부터 지금까지 우리나라의 중화학 산업은 대부분 정부의 허가를 얻어야만 할 수 있는 것이었다. 수요는 넘치고 공급은 부족한 시절에 자동차, 조선, 석유화학, 철강, 방위산업 등 인허가 사업에서 사업권을 허가받는다는 것 자체가 부의 축적의 지름길이었다. 그러나 그 당시 기술이 부족했으므로 기업들은 선진 외국기업과는 경쟁할 수 없었다. 따라서 정부는 유치산업을 육성한다는 명분하에 수입금지, 각종 관세 및 비관세 장벽을 쌓아 국내산업을 보호했다. 사실 이것은 국제적으로 성공한 경제발전 모델이었다. 대만, 싱가포르, 홍콩 등은 물론이고 동남아 여러 국가들에 비해 우리나라가 중화학 산업에 성공할 수 있었던 것은 그런 보호정책 덕분이었다.

그 당시 우리나라가 부족했던 것 또 하나가 자본이었다. 필립스, 노키아, 네슬레 등 유럽 중소규모 국가의 세계적인 기업들은 필요한 자본을 일찍부터 국제자본 시장에서 조달했다. 하지만 우리나라는 국제신용도가 낮았기 때문에 국내에서 자금을 조달하지 않을 수 없었고, 따라서 국내의 자금시장은 만성적으로 공급부족 상태에 빠지지 않을 수 없었다. 그런 상황에서 중석 달러라든가 각종 정책자금을 배정 받는 것은 문자 그대로 특혜였다. 그래서 관치금융이라는 용어도 단지 표현상의 것이 아니라 근거있는 용어였던 것이다.

▌한국은 이미 지식사회이자 이동사회이다

요약컨대 개발경제 시대 한국 기업을 성장시킨 방식들은 세계화와 개방경제 시대에는 더 이상 적합하지 않게 되었다. 그러므로 우리는 한국경제의 신화 정주영 회장의 죽음과 더불어, 한국경제에서 허가와 보호 그리고 특혜의 시대가 종말을 고했다고 봐야 한다.

통계청에 따르면, 우리나라의 대학생 수는 1965년 139,000명(0.48퍼센트)에서 2000년 2,829천 명(6.15퍼센트)으로 급증했다. 그리고 고등학교 졸업자들의 대학진학율은 84퍼센트에 이른다. 우리나라의 인터넷 보급률은 세계 최고 수준이다. 이는 우리나라가 이미 지식사회로 진입했다는 사실을 의미한다. 지식사회는 이동사회(mobile society)이다. 지식사회의 핵심적인 요소는 이동성인데, 어디에 살고 무엇을 하고 누구와 알고 지내는 등의 문제는 일시적이고 유동적이라는 것이다.

통계청이 발표한 '2001년 한국의 사회지표'에 따르면, 2001년 7월 현재 우리나라 총인구 4,734만 명(남자 2,383만 명, 여자 2,350만 명) 가운데 수도권에 절반가량(2000년 46.3퍼센트) 거주한다. 고향을 떠나 타향에서 사는 인구는 2배 이상(1970년 21퍼센트95년 44.3퍼센트) 늘었다. 이 중 전남 출신은 10명 중 6명이 고향을 떠나 살고 있다. 타향살이가 가장 적은 곳은 제주 출신(21.6퍼센트)이다.

2000년 현재 가구수는 1,431만 2000가구이고, 가구당 평균 가족수는 1975년의 5명에서 2000년에는 3.1명으로 줄었다. 혼자 사는 '나홀로 가구'가 크게 늘었고(1975년 4.2퍼센트, 2000년 15.5퍼센트), 6명 이상 모여 사는 대가족은 대폭 줄었다(75년 40.7퍼센트, 2000년 3.3퍼센트). 나이 들어서 자식들과 함께 살지 않는 노인들도 많아졌다. 65세 이상 노인부부 6쌍 중 1쌍이 부부끼리만 산다. 한국은 이미 이동사회가 되었음을 알 수 있다.

▌자유와 평등의 모델, 지식근로자와 지식사회

드러커는 《경제인의 종말》 말미에 "지금 우리가 살고 있는 기존의 '경제인 사회'를 토대로 하여, 그리고 그것들을 전제로 새로운 '자유롭고 평등한 비경제인 사회'를 개발해야 한다."고 호소하면서 전체주의를 초래한 경제인 사회를 대신할 새로운 사회의 도래를 늘 염원해 왔다. 드러커는 궁극적으로 전체주의의 영웅적 인간 모델이 지배하는 비경제인 사회는 몰락하고, '경제인 개념의 한계'에서 자유롭게 된 개인들이 자유와 평등을 달성할 수 있는 새로운 비경제적 사회적 실체를 창출하게 될 것이라고 내다봤다. 그러나 나중에도 드러커는 '자유평등한 비경제인 사회'의 도래를 재차 강조하지는 않았다.

《경제인의 종말》은 출판 직후 큰 성공을 거두었다. 《경제인의 종말》이 출판될 무렵 드러커는 미국 대학에서 미국 역사와 경제를 가르치고 있었다. 드러커는 미국의 제도와 사회가 전체주의를 극복하리라고 기대한 것은 옳았다. 만약 미국이 방관자의 처지로 머물렀다면 세계의 운명은 유럽에 맡겨졌을 것이고 또 거기서 결정될 터였다. 그 후부터 1970년대까지 《경제인의 종말》에서 주장한 내용과 제언은 학자들로부터 외면당했다. 한 가지 이유는, 요즘 사용하는 표현으로 하면 이 책은 "정치적으로 말꼬리잡히지 않는(politically correct)" 책이 아니었기 때문이었다. 이 책은 제2차 대전 이후 정치적으로 수용 가능했던 두 가지 명제들 중 어느 것과도 일치하지 않았다. 두 가지 명제란 첫째는 나치즘은 독일의 역사와 독일인의 성격 그리고 이런저런 독일적 특수성으로 해석될 수 있는 '독일적 현상'이라는 명제이고, 둘째는 나치즘은 '죽어가는 자본주의의 최후의 발악'이라는 마르크스주의적 명제였다.

하지만 드러커는 나치즘과 다른 모든 형태의 전체주의(파시즘, 스탈린주의, 프랑코주의)를 유럽의 보편적 질병으로 보았다. 나치 독일은 그 가운데 가장 극단적인 모습이고 병리적으로 증상을 가장 잘 드러낸 것으로, 그리고 스탈린주의는 나치즘과 별반 다르지도 않거니와 조금도 나을 것이 없는 것으로 취급했다. 예컨대 반유대주의는 독일에서 처음 나타난 것이 아니라 18세기 말 드레퓌스 사건(Dreyfus Affair, 1894년 유대인 알프레드 드레퓌스 대위가 반역죄로 투옥 되었다가 나중에 사면, 복권, 복직되었다. 이를 계기로 유대인은 시오니즘 운동을 전개한다)처럼 프랑스에서 유대인 학대와 대중선동을 위해 처음으로 나타났다고 분석했다. 그리고 '대중의 절망'을 초래하고 또 대중을 전체주의적 선동과 악마학의 손쉬운 먹잇감으로 만든 것은 자본주의의 실패 때문이 아니라 하나의 신조이자 희망으로서의 마르크스주의가 실패했기 때문이라고 보았다.

지금 우리는 그 시대에 대해 여전히 '진실로 무슨 일이 일어났는가?'라는 질문을 해야 한다. 그러나 70년이 지난 오늘날은 그 당시의 경험과는 너무도 멀리 왔으므로 우리는 그런 현실들을 상상할 수가 없다. 사실 당시 현실들은 우리들에게 아무런 의미가 없다. 오늘날 양차 대전 사이의 시기, 특히 1930년대를 여전히 '동시대'라고 생각하는 사람들(다시 말해 악몽에서 깨어난 사람들)은 급속히 줄어들고 있다.

21세기를 사는 우리들은 그 시대를 자신들과 관계 없는 것, 즉 '지나간 역사'로 보고 있다. 1930년대의 전체주의는 지금 우리가 세계를 보는 시각, 지금 우리가 당연하다고 보는 것, 지금 우리가 알고 있는 것과 일치할 수 없다. 《경제인의 종말》이 처음 출판된 후 지금까지 '1930년대의 전체주의' 에 대해 사회학적 경제학적으로 이해하고 또 설명하려는 시도가 없었던 다른 하나의 이유는 그런 시도가 불필요한 것으로 판단했기 때문일 것이다. 과거 서유럽 사람들이 도대체 어떻게 전체주의에 굴복을 했는지 우리로서는 이해할 수 없게 되고 말았다. 전적으로 무의미한 것을 누가 어떻게 설명하거나 이해할 수 있겠는가 말이다. 앞으로 되풀이되지 않을 어떤 것에 대해 고민할 필요가 어디 있겠는가?

우리는 전체주의라는 특수한 질병에 대해 치료를 끝냈다고 생각한다. 이런 믿음은 히틀러와 그의 나치당에게만 적용되는 것이 아니었다. 소련의 경우를 통해서도 많은 사람들이 "스탈린 시대는 다시 돌아올 수 없다."고 확실히 믿고 있다. 21세기에도 많은 위험과 공포가 존재하는 것은 분명하겠지만 더 이상 히틀러나 스탈린식의 전체주의는 아닐 것이라 생각할 것이다. 하지만 어떻게 확신할 수 있을까? 과연 전체주의가 다시 전파될 수 있으며 그것이 다시 우리를 압도할 수도 있다는 징후는 주변에 없을까?

드러커는 1950년대 중반을 넘어서면서 어렴풋이 '지식근로자' 개념을 제시하기 시작했고, 고등교육을 받은 사람이 노동력의 중심이 될 것이며 그런 사회는 '지식사회' 가 될 것으로 내다보았다. 드러커는 자유와 평등을 실현하는 인간의 모델과 그들이 자유와 평등을 실현하는 사회의 모델로서, 다시 말해 '경제인' 을 대신할 인간 모델로서 '지식근로자' 를, 그리고 '경제인 사회' 를 대신할 '경제인 이후의 사회' 모델로서 '지식사회' 를 염두에 두었는지도 모른다.

어떻게 전체주의의 발흥을
막을 것인가?

전체주의 사회의 영웅적 인간관은 사회에 대해 목적과 의미를 제공할 수가 없다. 왜냐하면 영웅적 인간관은 사회를 위해 자신의 삶을 희생하는 것인데, 희생의 자기정당화는 사회를 부정할 뿐만 아니라 사회를 파괴하기 때문이다.

무솔리니의 슬로건, 즉 "위험하게 살아라(Live Dangerously!)"라는 것은 개인에게 적용할 때는 괜찮을지도 모른다. 그러나 사회는 계속해서 안전하게 유지되어야 하므로 사회가 위험을 감수할 수는 없다. 자살을 하는 것에 대해 개인 스스로 만족을 찾고 성취감을 느낀다면, 그에게 사회란 전혀 의미를 가질 수 없다. 결국 사회 실존의 유일한 합법적 형태로서 무질서 상태가 등장하지 않을 수 없다. 바로 이런 내적 모순 때문에 파시스트가 영웅적 인간을 바탕으로 '비경제인 사회'라는 새로운 질서를 창조하려 했던 시도는 좌절될 수밖에 없었다.

21세기의 문제들은 1930년대의 그것들과 매우 다를 것이다. 하지만 우리 시대의 문제들에 대해 우리가 나타낸 반응들 중 일부는 불길하게도 유럽을 히틀러의 전체주의에 내주고 제2차 대전으로 몰고 간 '대중의 절망' 을 반영하고 있다. 일부의 인종차별주의자들과 이른바 '좌파 행동주의 학생들' 은 놀라울 정도로 히틀러의 돌격대와 닮았다. 예를 들면 자신과 다른 사람에게 어떤 권리도 허용하지 않거나, 인터넷을 통해 인격말살운동을 벌이거나, 데모와 시위와 파괴와 야만적인 행동을 즐기거나 하는 것 등이 그렇다.

그런 집단들이 사용하는 레토릭을 보면, 히틀러의 연설과 가증스러울 정도로 닮았고 마르쿠제와 같은 증오의 예언자들이 발산하는 음산한 허무주의와 유사하다. 그들의 직계 조상은 1910~1930년 사이 일어난 독일의 '청년운동' 이다. 긴 머리에 기타를 치며 민속음악 등을 즐기는 것도 닮았다. 독일의 청년운동은 '이상적인 사회주의' 로 출발했으나 히틀러에게 가장 광신적인 핵심 추종자들을 공급하는 것으로 끝났다는 사실을 우리는 기억해야만 할 것이다.

무엇보다도 그런 집단들은 권력추구를 위해 상징을 조작하는 것을 당연한 것으로 생각한다. 그들은 과거의 경험으로부터 제대로 교훈을 얻지 못했다. 증오가 절망에 대한 해답이 아니라는 사실을 배우지 못한 것이다(알고도 모른 척하는지도 모른다.) 따라서 오늘날 지식근로자는 과거에 '진실로 무슨 일이 일어났는가?' 라는 질문 대신 '어떻게 하면 전체주의가 발흥하지 않도록 방지할 수 있을까?' 라고 질문해야 한다. 왜냐하면 인간의 가치는 그가 가진 재산의 크기로 결정되는 것은 아니라 해도, 굶주린 배는 악마의 놀이터가 될 수 있기 때문이다. 지식근로자는 그 질문에 대답을 해야 하고 또한 행동해야 한다.

참고한 피터 드러커의 저작들

01. 프리드리히 율리우스 스탈: 보수주의적 국가이론과 역사발전

Friedrich Julius Stahl: Konservative Staatslehre und Geschichtliche Entwicklung, 1933

02. 경제인의 종말: 전체주의의 기원 *

The End of Economic Man: The Origins of Totalitarianism, 1939

03. 산업인의 미래

The Future of Industrial Man, 1942

04. 기업의 개념

Concept of the Corporation, 1946

05. 뉴 소사이어티: 산업질서의 해부

The New Society: The Anatomy of Industrial Order, 1950

06. 경영의 실제 *

The Practice of Management, 1954

07. 미국의 다음 20년

America's Next Twenty Years, 1955

08. 내일의 이정표: 새로운 포스트모던 세계에 대한 보고서

Landmarks of Tomorrow: A Report on the New "Post-Modern" World, 1957

09. 기술, 경영, 사회

Technology, Management and Society, 1958

10. 창조하는 경영자 *

Managing for Results, 1964

11. 자기경영노트(목표를 달성하는 경영자) *

   The Effective Executive, 1966

12. 단절의 시대: 변화하는 우리 사회를 위한 지침서 *

   The Age of Discontinuity: Guidelines to Our Changing Society, 1968

13. 인간, 아이디어, 정치

   Men, Ideas and Politics, 1971

14. 매니지먼트: 경영의 과업, 책임, 실제 **

   Management: Tasks, Responsibilities, Practices, 1973

15. 보이지 않는 혁명 – 어떻게 연금기금 혁명이 미국에서 일어났는가?

   The Unseen Revolution—How Pension Fund Socialism Came to Ameriaca, 1976(1977 재판)

16. 경영학 서설

   An Introductory View of Management, 1977

17. 경영 사례

   Management Cases, 1977

18. 사람과 성과

   People and Performance: The Best of Peter Drucker on Management, 1977

19. 방관자의 모험

   Adventures of a Bystander, 1978

20. 붓의 노래

   Song of the Brush: Japanese Painting from the Sanso Collection, 1979

21. 격변기의 경영

   Managing in Turbulent Times, 1980

22. 새로운 경제학에 대해

   Toward the Next Economics and Other Essays, 1981

23. 변모하는 경영자 세계

   The Changing World of the Executive, 1982

24. 최후의 가능한 세상

The Last of All Possible Worlds, 1982

25. 선에의 유혹

The Temptation to Do Good, 1984

26. 기업가 정신(혁신과 기업가 정신) *

Innovation and Entrepreneurship, 1985

27. 경영의 프론티어 ***

The Frontiers of Management, 1986

28. 새로운 현실

The New Realities, 1989

29. 비영리단체의 경영

Managing the Non-Profit Organization, 1990

30. 미래기업: 1990년대와 그 이후

Managing for the Future: The 1990s and Beyond, 1992

31. 생태학적 비전

The Ecological Vision, 1993

32. 자본주의 이후의 사회 *

Post-Capitalist Society, 1993

33. 미래의 결단 *

Managing in a Time of Great Change, 1995

34. 아시아에 대한 전망: 피터 드러커와 이사오 나카우치의 대화

Drucker on Asia—A Dialogue between Peter Drucker and Isao Nakauchi, 1997

35. 자본주의 이후 사회의 지식경영자 *

Peter Drucker on the Profession of Management, 1998

36. 21세기 지식경영 *

Management Challenges for the 21st Century, 1999

37. 에센셜 드러커: 프로페셔널의 조건 · 변화리더의 조건 · 이노베이터의 조건 *

The Essential Drucker: In One Volume the Best of Sixty Years of Peter
Drucker's Essential Writingson Management, 2001
원제는 《에센셜 드러커》이지만 일본과 한국에서는 《프로페셔널의 조건》
《변화리더의 조건》《이노베이터의 조건》《미래경영》으로 분리 출판되었다

38. 넥스트 소사이어티 *

Managing in the Next Soceity, 2002

39. 경영의 지배 *

*A Functioning Society: Selections from Sixty-Five Years of Writing on
Community, Society and Policy, 2003*

* 필자가 번역한 책, ** 필자가 감수한 책, *** 필자가 번역 중인 책

ㄱ~ㄹ

괴테, 165
교황 바오로 3세, 97
구텐베르크, 209
네빌 체임벌레인, 70
니콜라이 콘드라티예프, 145, 151, 159
드 포레스트, 114
드니 파팽, 150
라데나 우, 191
라이트 형제, 114
레닌, 102
레버, 191
로버트 맥스웰, 194
로버트 오언, 218
루스벨트, 132, 223, 224
리스트, 51
리처드 닉슨, 117
린든 존슨, 117

ㅁ~ㅂ

마가렛 대처, 119
마르코니, 114
마르쿠제, 119, 129, 237
마셜 맥루언, 5
마젤란, 41
마크 트웨인, 227
마틴 루터, 26

막스 베버, 121
매슈 볼턴, 44
모건, 191
무솔리니, 28, 37, 71, 74, 76, 236
바르톨로메 데 라스 카사스, 96, 98, 99
버나드 맨드빌, 178, 179, 180
베르너 지멘스, 158, 191
벤저민 프랭클린, 158
빅토리아 여왕, 111
빌헬름 폰 훔볼트, 118

ㅅ~ㅇ

소스타인 베브렌, 121
슘페터, 47, 134, 145, 208
스탈린, 84, 145, 235
아리스토텔레스, 98
아우구스트 보르지크, 223
아우구스티누스, 98
아이젠하워, 133
알렉시스 드 토크빌, 166
알버트 아인슈타인, 112
암스트롱, 114
애덤 스미스, 26, 27, 56, 181, 223
앤드류 카네기, 229
앨빈 토플러, 150
에드워드 7세, 111
에드워드 홀, 216
에인 랜드, 60
오토 비스마르크, 58
워싱턴 어빙, 111
윤흥길, 81

ㅈ~ㅊ

장 자크 루소, 54
정화, 41
제인 오스틴, 35
제임스 먼로, 223
제임스 와트. 44
조지 워싱턴, 223
조지 웨스팅하우스, 158
존 나이스비트, 149
존슨, 132
존 D.록펠러, 127, 191
존 F. 케네디, 118
존 L. 갤브레이스, 132, 133, 134
찰스 디킨스, 35
처칠, 223, 224

ㅋ~ㅌ

카를 5세, 97
칼 루에거, 47
칼 마르크스, 26, 27, 54, 55, 56, 57,
　91, 120, 187, 190, 193
케네디, 132
케인즈, 48
콜럼버스, 41, 96, 98
쿠나드, 191
쿠프, 214
크루프, 191
클린턴, 132
타키투스, 33
토머스 에디슨, 113, 158
토머스 제퍼슨, 33, 34, 45, 165
토머스 쿤, 201
토머스 하디, 35

토머스 홉스, 71, 72
트루먼, 132
티센, 191

ㅍ~ㅎ

페론, 37
프레더릭 테일러, 223
프로이트, 120
프리드리히 엥겔스, 58
하틀리, 60
헤겔, 51, 120
헨리 포드(Henry Ford, 1863~1947), 90,
　102, 191
후안 히네스 데 세풀베다, 96, 98
히틀러, 17, 28, 37, 44, 70, 71, 73, 74,
　76, 84, 119, 222, 235, 237
힌덴부르크, 73

피터 드러커의 사회관

지식사회

지은이 | 이재규
펴낸이 | 김경태
펴낸곳 | 한국경제신문 한경BP
등록 | 제 2-315(1967. 5. 15)

제1판 1쇄 인쇄 | 2009년 11월 20일
제1판 1쇄 발행 | 2009년 11월 25일

주소 | 서울특별시 중구 중림동 441
홈페이지 | http://www.hankyungbp.com
전자우편 | bp@hankyung.com
기획출판팀 | 3604-553~6
영업마케팅팀 | 3604-595, 555   FAX | 3604-599

ISBN 978-89-475-2731-6   03320
        978-89-475-2729-3(세트)
값 12,000원

파본이나 잘못된 책은 구입처에서 바꿔 드립니다.